# 人を操る禁断の文章術(メンタリズム)

メンタリスト DaiGo

かんき出版

# まえがき

本書を手にとってくださり、ありがとうございます。メンタリストDaiGoです。

冒頭から唐突ですが、**文章が持つ強い力**を知っていただくために、**1つ質問**をさせて下さい。

もし、この質問の意図を正確に見抜くことができたなら、ここから先を読み込む必要はありません。あなたはすでに文章が持つ力について十分に理解しているからです。ぜひ、具体的な技術について書かれた第2章以降へとページを進めてください。

逆に「文章術の本で、なんでこんなことを聞かれるんだろう?」と思った方は、ラッキーです。この冒頭部分だけでも、私からあなたに伝えられることがたくさんありますから、じっくりと読み進めてみてください。

では、質問です。

**「あなたの思う、世界最高の美女とは?」**

いかがですか？

もう一度、お聞きします。

**「あなたの思う、世界最高の美女とは？」**

この1行を読んだとき、あなたはどんな顔を思い浮かべたでしょうか？

他意は何もありません。素直に答えてみてください。

目元が涼し気な和風の美人でしょうか。パッチリ二重の瞳の大きな女性でしょうか。はたまた、ぽってりとした唇がチャーミングなセクシーな顔かもしれませんね。

なかなか具体的に想像できないという方は、芸能人で例えてもいいですよ。

私は細身でハツラツとした女性が好みなので、ガッキーこと新垣結衣さんの顔が思い浮かびました。いやいや、中谷美紀さんだ、香椎由宇さんだ、佐々木希さんだ、と。

議論になれば話題は尽きることがないでしょう。

人によっては、もっとグローバルにハリウッド女優やヨーロッパ映画のミューズ、ミス・ユニバースの代表をイメージされる方もいるかもしれません。

では、そろそろタネを明かしましょう。

**「あなたの思う、世界最高の美女とは？」**

このたった1行の文章を読むと、思う人こそ違っても、いずれの場合も誰もが「自分の思う絶対的な美女」を思い浮かべます。

**じつはこれこそ、文章の持っている力なのです。**

**ある言葉を目にすることで、人は想像し始めます。**ここでは「美女」という言葉に反応して、世界最高の誰かの顔を描き出すのです。

その瞬間、あなたにとっては頭の中で想像しているその人こそが、間違いなく世界最高の美女となります。

でもこれが、芸能人の写真を見ながらの話なら、そうはいきません。

例えば、私が好きな宮崎あおいさんの写真を出したとしましょう。

それを見た友人の1人は「かわいいよね」と言っても、別の友人は「世界最高の美女とは言えないかな。俺はもっと、鼻筋がさ……」と言い出すかもしれません。

目の前に実体を伴った美女候補が現れた途端、私たちは思い描いていた理想の顔との違いを感じてしまい、世界最高の美女にはたどり着かなくなるのです。

一方で、文章に触発され頭のなかで浮かび上がったその美女は、絶対的な存在となり、誰からの非難も受けつけません。

誰もが納得の美女をつくり出すには、文章を使って想像させるしかない。**つまり、世界最高の美女をつくれるのは文章だけ**なのです。


「心が動かされる」とは、よく言われますが、いい文章を読んだとき、私たちの心で「何が」起きているのでしょうか――。そのとき私たちは文章に散りばめられた言葉に反応し、頭の中にあるイメージをふくらませ、対象について想像し始めます。

そして、**そのイメージは、ときに行動を引き起こす原動力となります。**

これが、文章に秘められた「人の心を動かす力」の正体なのです。


しかも、理想の美女を描写するために、言葉を書き連ねる必要はありません。

「**想像してみてください。あなたの目の前に、目もくらむような美女がいることを**」と書けばそれでいい。文章の力に絡め取られた私たちは、勝手に心を動かし、目もくらむような美女を思い浮かべるのです。

こんな芸当ができるのは、映像でも写真でもなく、文章だけ。

しかも、これは「世界最高の美女」以外にも、セールスでも、プレゼンでも、好きな人への告白でも、上司や部下へのお願いでも、そのまま使えます。

いかがでしょう？　「あなたの思う、世界最高の美女とは？」という質問の意図を理解していただけたでしょうか。

**読む→言葉に反応する→想像する**

本書で紹介していく具体的なテクニックを学ぶ前に、まずは基本となるこの仕組みをしっかりと覚えておいてください。**文章はただ書くのではなく、読んだ相手の心を動かし、想像力を使ってもらうために書く**のです。

## 文章のたった1つの目的、それは「今すぐ人を行動させること」

文章によって読み手が想像力の翼を広げてくれると、あなたにとってとてもいいことが起こります。

どんないいことが？

ひと言で言うなら、「**準備OK**」。想像してワクワクすることで、閉じていた相手の心の扉が開き、行動を起こす準備を整えた状態になるのです。

例えば、自動車のトップセールスマンはセールスレターでクルマの性能や品質を語る前に、必ず、お客様の想像力を刺激する言葉を挟んでいます。

難しい言い回しやテクニックを駆使しているわけではありません。

「**どこへ行きたいですか？**」

「**誰を乗せたいですか？**」

といった言葉で、お客様に「自分がクルマに乗っている場面」を想像させるのです。

彼女とのデートかもしれません。毎日のお子さんの送り迎えや週末のゴルフ、はたまた大声で歌いながらの真夜中のドライブかもしれません。

久しぶりに会った友人に、「いい車買ったな！」と言われ照れている自分をイメージするかもしれません。

新しい相棒と一緒にいるお客様自身を想像させることができれば、準備ＯＫです。最初はゼロだったかもしれない購買欲が、想像の後には少なくとも１％以上には増えているはず。

そこで、「週末に試乗会があります」と続けると、何人かは「行ってみようかな」と行動を起こしてくれる。

**トップセールスマンと呼ばれる人たちが、他のセールスマンと違うのは、お客様の心の準備のために工夫している点**です。彼らはゼロをイチにする効果の大きさを知っています。

クルマのことなど考えてもいなかった人に、「新車が出ました」「週末に試乗会がありますよ」という案内をしても、まず何も起こりません。

でも、「自分が乗るならこんな場面かな」と想像した人に、「週末に試乗会がありますす」と伝えれば、こちらが望む結果を出せる可能性がグンと高まります。

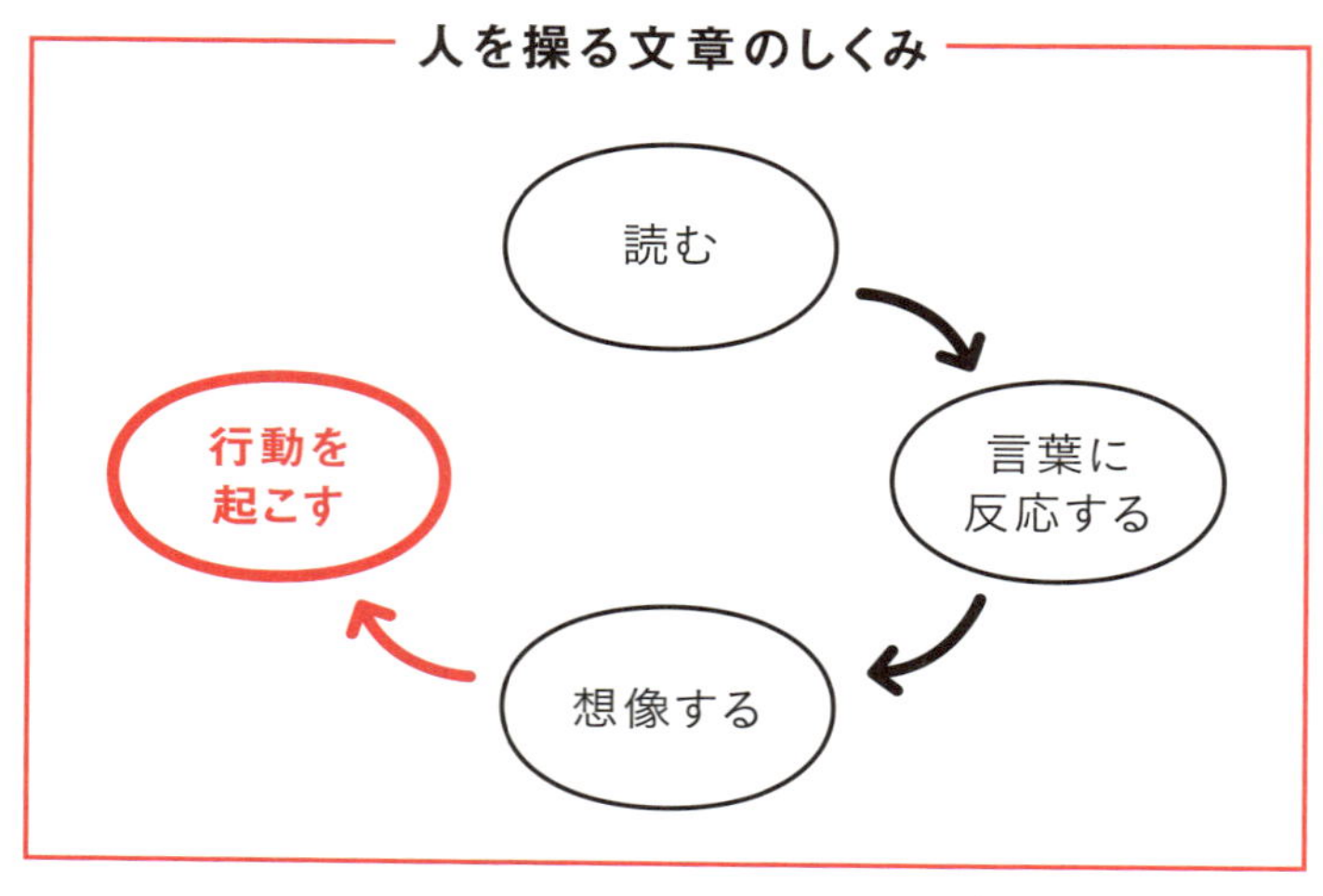


つまり、読む→言葉に反応する→想像する、には続きがあるわけです。

それは、**読む→言葉に反応する→想像する→行動を起こす**、です。

## 口ベタなら、文章を学べ

ここまで読まれて、「文章の凄さはわかったけど、会話のほうが力があるんじゃないの？」と思われた方もいるでしょう。

ですが、会話の持つ力を遥かに超えるもう1つの力が、文章にはあります。

**文章は一度、書いてしまえば半永久的に働いてくれる**のです。

「あなたの思う、世界最高の美女とは？」

「このクルマでどこへ行きたいですか？　誰を乗せたいですか？」

いずれの文章も24時間休まずに、読んだ人の想像力を自動的に刺激してくれます。

会話ではそうはいかず、自分がその場所に足を運んでプレゼンしなければいけませんよね。でも、文章はメールでも手紙でもホームページでも相手に届けられます。

**それも同じ内容を大量に送ることができるのです。**

あなたの部下にとてもセールスのうまいトップセールスマンがいたとして、同じレベルのセールスマンを100人育てようとしても無理ですよね。

ところが、トップセールスマンが有効に活用している「セールスレター」のコツなら、すぐ全員で共有することができます。

すごい売上を上げているセールスレターや顧客の心を動かす挨拶状やお礼状があるなら、それを1000枚つくるのは簡単です。だってコピーするだけですから。

もちろん、そうやって獲得した契約は、凄腕のセールスマンが商談を重ねて取りまとめた契約とはイコールではありません。

それでも文章をうまく使いこなすことで、営業所全体の成績は確実に向上していきます。**文章は最強の営業部隊になる可能性もあるわけです。**

また、文章と比較したとき、会話にはデメリットがあります。

会話では自分のビジュアル（視覚情報、つまり顔や身だしなみなど）、声のトーン、言葉の使い方など、すべて同時に気を配る必要があります。

その一方で、**文章は（書き手による）イメージのコントロールが容易にできます。**

文章であれば気を配るのは〝文字〟のみです。

文字以外の情報はカットされるので、イメージを操作しやすい。つまり読み手側からすると、人間が最も利用している五感である「視覚」からの影響が少なく、書き手の意図通りに誘導されやすいのです。

たとえば、容姿がいま一つだと対面で素敵に口説けるとは限りませんよね。それでも書く技術さえあれば、素敵なラブレターで相手の心を動かすことは可能です。

また、人と会話するときに、相手の存在に引っ張られて思うように話せなかったり、もともと話すことに苦手意識を持っている「口ベタ」な方も数多くいます。「面接」などで、いつも結果を出せない人っていませんか？

そして会話はライブ（生）なので、やり直しもできませんし、自分の話したこと（メッセージ）を再確認することもできません。

文章なら、あとで確認と検証ができるから、会話のように「なんとなくうまく話せた」「なぜか伝わらなかった」となりづらいのです。

**表現、構成、長さ、説得力、こういったものを文章では見直すことができるの**で、**読んだ相手のリアクション（反応の具合）を見て、文面を改善することも可能**です。

そして、過去の会話を再現することはできませんが、文章ならば何度も読ませることができますよね。

このような、

- **イメージの操作が容易なこと**
- **書き直せること**
- **結果を見直して、微調整できること（テストできる）**

などから、文章の持つ優位性は説明できるでしょう。

## この文章術で、読み手の心は思うまま

駆け足ですがここまで、文章が持つ強い力についてご紹介しました。

**読み手の想像力を刺激して、感情を揺さぶり、行動を誘導する文章術**。これこそが、私（メンタリスト）のもっとも得意とする分野、メンタリズム文章術です。

文章とは、ただ書くものでも、読まれるだけのものでもありません。読み手を行動へと導いてこそ、初めて存在価値があるのです。

もし、本書『人を操る禁断の文章術』を読んで、

きれいな文章を書きたい！
かっこいい言い回しを学びたい！
小説家になりたい！

そう考えている方がいたら、今すぐ本棚に戻してください。

**本書は、相手を思うままに行動させたい人のための本です。**

美文のコツは書かれていませんが、相手に読まれる文章、相手の心を動かす言葉選び、相手を行動に導くための技術についてはふんだんに盛り込まれています。

相手の想像力を使って、最も激しく心を動かすことができる方法――。これがメンタリズム文章術です。

あなたの書いた文章に反応して、相手が本気になって行動してくれるようになれば、仕事もプライベートもたいていのことはすべて好転します。言葉や文章には、人生を変える力があるのです。

私はメンタリストとして経験を積むうち、言葉の伝え方次第で、人の行動が大きく変わる瞬間を幾度となく目にしてきました。そこから学んだのは、**相手の興味を探り、心に刺さる言葉を投げかけることの大切さ**です。

それは文章を書く上でも同じでした。

興味のあるテーマを選び、心に刺さる言葉を盛り込むこと。それが相手に読んでもらえる文章の条件であり、想像力を喚起させ、行動を変えていくきっかけとなる言葉の共通点なのです。

本書をお読みいただくことで、それまでゼロであった可能性が、少なくとも1%以上は変わります。その1%を積み重ねていくことで、可能性の扉はさらに開かれ、見える景色はやがて思うままに変わってくるでしょう。

では、プロローグの最後に質問です。

**「もし、思うままに文章が書けたとしたら、誰にどんな行動をさせたいですか？」**

人生を変える準備はよろしいでしょうか。

常に「書けるようになった自分」をイメージしながら、読み進めてください。

2015年1月

メンタリストDaiGo

文章とは、
読まれるためにに書くものではない。
行動させるためにに書くものだ。

# 人を操る禁断の文章術

## 目次

# 第1章 文章が持つ力は∞（無限大）

## 第2章 「書かない」3原則で人を操る

## 第3章

# 人を動かす7つの引き金で、何を書けばいいかもう悩まない

## 第4章 あとは、5つのテクニックに従って書くだけ

編集協力　佐口賢作
装丁　小口翔平＋平山みな美（tobufune）
撮影　早船ケン
ヘアメイク　永瀬多壱（VANITÈS）

# 第1章

# 文章が持つ力は
# ∞（無限大）

# 買うはずでなかった高価なものを、衝動買いさせた文章とは？

まえがきでは、「あなたの思う、世界最高の美女とは？」という質問とともに、文章に秘められた「力」について、ご紹介いたしました。

こうした文章の力をそのままビジネスに活かした例をもう1つ紹介しましょう。

**Q.** これは今から十数年前、アメリカの大型量販店での出来事です。ある売り場担当者が**紙オムツ売り場**に「ある文章」を掲示することで、紙オムツよりも高価なまったく別の商品の売上を大幅にアップさせました。その商品とは何でしょう？

あなたもしばらく想像してみてください。

とはいえ、ヒントなしでは、なかなか難しいかもしれません。

そこで、彼がオムツとオムツの間に掲示したコピーをヒントとして出しましょう。


**「今しか見れない姿、残しませんか?」**


もう、おわかりでしょう。

売り場担当者が紙オムツ売り場に陳列した商品は、**「使い捨てカメラ」**です。

紙オムツ売り場にやってくるお客様の大半は、子どものいる人たち。しかも、紙オムツを使うのは新生児から2、3歳という一番かわいい時期です。

初めての寝返り、初めてのお座り、初めてのハイハイ、初めてのつかまり立ち、初めての一歩。初めてのドラマ尽くしの時期ですが、同時に両親は子育てという日常の変化に大慌てとなっています。


しかも、紙オムツは毎日使う生活用品です。お客様たちは、ブランドとサイズをチェックする以外、ほとんど無意識で手に取り、レジに運んでいきます。

想像力を刺激すると勝手に行動してしまう

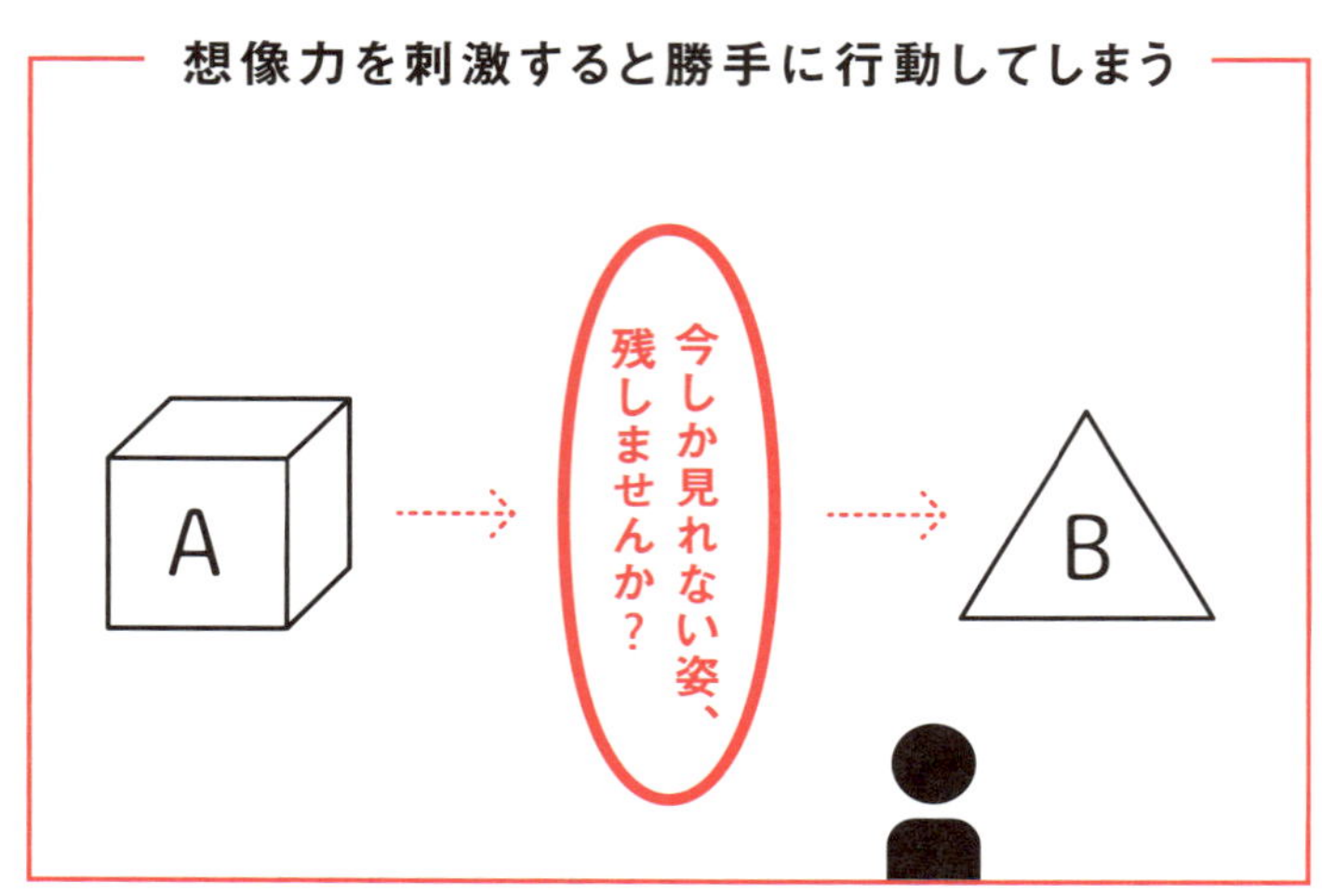


ところが、そんな売り場に「今しか見れない姿、残しませんか？」というコピーとともに、使い捨てカメラが陳列されるわけです。

読んだ瞬間、両親は我が子の今の姿を想像します。

そして、日常の中に紛れてしまっている、自分の「欲求」に気づくのです。

「**かわいい姿を残したいな**」と。

たった1行の文章によって日常から非日常へと連れ出され、関連陳列された使い捨てカメラを手に取ってしまう。

「買ってください」なんてひと言も言う必要はありません。

**私たちは想像力のスイッチを〝カチッ〟と入れられると、あとは勝手に行動へと移してしまう**のです。

## A、B、Cの3つから、あなたが選ぶのは…

相手の想像力を使って、こちらの望む行動を起こしてもらうこと。

じつはこれ、メンタリストがよく行っている方法なんです。

私はメンタリズムを「**行動や態度、言葉などから相手の心理を読み解き、思うままに誘導する技術**」と紹介しています。

この「心理を読み解き、思うままに誘導する」ときに、メンタリストは相手の想像力を使ってねらい通りの行動へと導いているのです。

例えば、メンタリストとしてテレビに出演していたころ、よく頼まれたのはこんなパフォーマンスでした。

A、B、Cという選択肢を用意して、ゲストのタレントにこちらの決めた1つを選ばせる、ないしは選ぶものを事前に当てるというもの。
メンタリストは「選択の暗示」と呼ばれるテクニックを使って、タレントの想像力をかき立て、1つの選択肢へと導いていきます。

**その際、武器となるのが言葉です。**

メンタリストは会話の中にキーとなる言葉を埋め込むことで、Bならば、Bという選択肢を手に取りやすいように、相手を刺激し続けるわけです。
すると、最初はAに関心があったはずのタレントに取りたくもなかったBを選ばせ、本人が自分の選択に驚く、といった番組的においしいシーンをつくり出すこともできます（このパフォーマンスのウラ側については『これがメンタリズムです』（幻冬舎）に詳しく触れています）。

そんなわけでメンタリストは、テレビなどで放映されるパフォーマンスが大きくクローズアップされ、サイキックなエンターテインメントと誤解されがちです。
しかし、こうしたパフォーマンスはメンタリズムの一面でしかありません。

**メンタリズムは本来、人と人との信頼関係を深める助けとなる技術**です。

ただし、パフォーマンスで見せたようなテクニックを初対面の人との対話の中で駆使するには、かなりの訓練と経験が必要になります。

ところが、文章ならば事情は大きく変わってくるのです。

文章を書く時は目の前に誰もいませんから、相手のペースに呑まれてしまうこともありません。落ち着いて思うような文面を書け、書き直すことができます。失敗も少ないでしょう。

## 「やせる・稼ぐ・口説く」は、すべて文章でできる

正直に打ち明けると、メンタリズムに興味を持つ前の私は自分の殻に閉じこもりがちの少年でした。小学校のころはいじめられっ子。ひどい目にも遭いました。

中学は学区を離れ、私立へ。普通なら環境も変わり、いじめも途切れるはずです。

ところが、私は中学でも目をつけられ、小学校1年生から中学校2年生まで都合8年間、いじめられっ子でした。その間、私はひたすら周りの世界が変わることを待っ

て、苦しい境遇が過ぎ去るよう願っていました。

でも、実際は何も起きませんでした。

そんな毎日がぷつんと途切れたのは、私がキレたからです。ある日、自分のことではなく、ひどい内容の母親の悪口を言われた私は怒りで我を忘れて、初めていじめっ子にやり返しました。

場所は技術家庭科室。棚か何かをつくる実習の最中で、私は思わず、手近にあったナタをつかみ、投げてしまったのです。

幸い、ナタは相手には当たらず、大事には至りませんでした。もちろん、刃物を投げるという行為は認められるものではないでしょう。今、思えば軽率でした。

それでも私は、あのとき、怒りで我を忘れてよかったと思っています。

その後、何日か学校を休み、数日後に登校すると、私はすっかりいじめられなくなっていました。友だちができたわけではありません。むしろ、周囲の目には怯(おび)えの色がありました。

「アイツは、危ない」「本気で怒るとやばい」と。

当然でしょう。それだけのことをしたのですから。

そうやっていじめを克服したあと、私は大切なことに気づきました。

自分が行動を起こすと、世界は変わるのだ、ということを。

いじめられっ子から脱した私は、「**今までの自分を変えてやろう**」と決心しました。それまでの殻に閉じこもっていた日々にコンプレックスを感じていたからです。

なりたい自分になって、世界をもっと変えていこう。

そう思い立った私は、嫌だと思っていた自分の特徴をすべて紙に書き出していき、「逆」にしました。

✕ 成績が悪い、メガネ、太っている、天然パーマ

○ 成績が良い、コンタクト、やせている、ストレートヘア

今、改めて見てみると、いかにも中学生男子らしい悩みです。

その後、懸命に勉強して学年で3番になり、メガネをやめてコンタクトレンズにし、毎朝のランニングで体を絞り、美容院に行ってストレートパーマをかけると、それまでいじめられていた自分はもうどこにもいませんでした。

そこには自信に満ち溢れた、かつて憧れていた理想の自分がいたのです。

このように、紙に書き出すことにより、自分を「客観化」し、目標やイメージを「具体化」することで、行動を起こすことに成功したのです。


まさに、**読む→言葉に反応する→想像する→行動を起こす**、でした。


これも、文章にしかできないことでしょう。

**目標は、文章化されることでより明確になり、達成しやすくなることは、すでに「心理学」でも証明されています。** 目標をなんとなく持ってしまうよりも、文字にすると、目標を達成することに固執するようになるのです。

このとき私は、言葉や文章に「人生を変える力」があることを知ったのです。自分自身で変わりたいと願っている特徴を言葉として書き出し、それを読むことで変わった後の自分を想像し、実現のために動き出した。

中学生の私は無意識のうちに、自分の心を動かすために文章を駆使していたのです。

## 人生のあらゆる問題は、文章が解決してくれる

とはいえ、もともと文章術に長けていたわけではありません。

今でこそ、私はこうして何冊もの本を出版していますが、当初、私の書く文章は人に伝わりにくいものでした。

欠点は明らかで、きれいに整い過ぎていたのです。

中学時代、いじめから脱した後に猛勉強した私は、大学に入り、研究者の道に進みました。

当時、書いていた文章は正確であることが〝命〟の論文ばかり。読み手に自由に想

像する余地を与えず、誤解されない文章にすることが名題でした。

私は研究者の肩書のまま、パフォーマーとしてテレビなどのメディアに出始めました。パフォーマンスは話題となり、忙しい毎日が始まります。そんななか、出版の世界にも入っていきました。

**しかし、そこで私はとんでもない間違いを犯していた**のです。

文章を読ませたい。メンタリズムについて伝えたい。そういう自分の思いが先走り、分厚く、論文のような本を書こうとしていたのです。

それもそのはずです。読み手の心を動かし行動させるという視点が欠けていましたから。文章は正確ならばいいものでも、量があれば喜ばれるものでも、高尚であればありがたがられるものでもありません。

最も大切なのは、読んでもらい、心を動かし、行動につなげることです。

重要なのは、完璧な文章や難解さではありませんでした。

「相手の心を動かす文章」が書けるようになれば、物が売れるだけでなく、企画書が通り、プレゼンがうまくいき、あらゆるコミュニケーションが円滑になります。それも半永久的に。

・頼みづらいことを快く引き受けてもらう
・手に届きそうにないムリ目な異性をデートに誘う
・なんとしても通したい企画を確実に通す

**それまでゼロだった可能性が、少なくとも1%以上に広がっていきます。**

手紙を書く人が減っても、メールの行き交う数はそれを補って余りある量になり、「手書きからメール」へと媒体は変わっても、文章を書いてコミュニケーションを深めるという行為は続いています。

本や新聞を読む人が減ったと言われていますが、パソコンやスマホを使うことで、文章に触れる時間は逆に増えているのではないでしょうか。

人が言葉を失わないのと同じように文章は絶対になくなりません。この本に書かれた文章術を身につけるかどうかは、あなたの一生を大きく左右するのです。

## 誰も教えてくれない、人を動かす文章のルール

ところが、文章が書けないことで悩んでいる人は少なくありません。その悩みには、2つのケースがあると思います。

1つは本当にまったくペンが進まない人。

もう1つは書いているものの、思うような結果を出せない人。

仕事をしていれば何らかの文章は書いているはずですから、悩んでいる人が多いのは圧倒的に後者でしょう。

書いているけど、いまいち思い通りにまとまらない。

ねらいがうまく相手に伝わっていかない。

呼びかけているのに、いい反応が返ってこない。

書ける、書けないで言えば、書けているはずだけど、できればもうちょっとプラスにしたい。


安心してください。

私が文章のコツに気づき、変わっていったように、文章術は後天的に学ぶことで身につけることができます。生まれつきのセンスではありません。

詳しくは第2章以降で解説していきますが、ここで、心を動かす文章には共通する3つの原則があることをお伝えしておきます。

1. あれもこれもと書き過ぎないこと。
2. きれいな文章を書こうとしないこと。
3. 自分が書きたいことを書かないこと。

第2章では、あなたにこの3つの原則を覚えていただき、つづく第3章では読み手の感情を揺さぶる7つの引き金（トリガー）を、最後の第4章では読み手の心を自在に操るためにすぐ使える具体的な5つのテクニックを紹介します。

これらを組み合わせることで、メールはもちろんのこと、プレゼンや企画書、セールスコピーなど、あらゆる文章が書けるようになります。

また、仕事を離れてプライベートでも同様です。

SNSを使って異性のハートをつかむことも、ママ友とのコミュニケーションをラクにするために使うこともできます。


ここまで読んでいただいただけでも、すでにあなたが持つ文章に対する認識は変わり始めたということに気づいているでしょうか？

さらなる一歩を私とともに踏み出しましょう。

身につけた文章力は、あなたの一生の武器に変わります。

# ありきたりな文章を、サクッと名文に変える方法

「名言」が人の心をつかむのは、常識的なこと、当たり前のことを言っているからです。もちろん、常識的なことを当たり前の言葉で表現したところで、名言にはなりません。そうでないところに名言の名言たる由縁があるのです。たとえば、

「成功者は夢をあきらめない」

この文章は、名言でしょうか？　成功者は夢を持ち、どんなときもあきらめなかったから成功した。納得はできますが、珍しくもなんともありませんし、胸に響くわけでもありません。ところが、こう言い換えたら、どうでしょうか？

「成功者は、**飢え死にしそうなときでも**夢をあきらめない」（オリソン・マーデン）

ぐっと真に迫ってきました。「成功者は夢をあきらめない」と何が違うか。それは、〝飢え死にしそうな〟という状況を想像させる言葉が入っているかいないかです。

研究にお金を使いすぎて、明日食べるものもないのに、まだ徹夜で実験を続けている。そんな具体的な情景が浮かぶからこそ、「成功者は夢を持ち、どんなときもあきらめなかったから成功した」というストーリーが真に迫ってくるのです。

つまり、「飢え死にしそうなときでも」という「条件」を表す言葉が入っているから心に刺さる。これが名言を名言とさせている言葉のマジックです。

「成功したいなら**1日に18時間**、ひとつのことに集中しろ」
「失敗なんかしちゃいない。**うまくいかない方法を700通り**見つけただけだ」

これはトーマス・エジソンの言葉ですが、要約すれば

「成功のために努力を惜しむな」
「失敗してもあきらめるな」

というありきたりな内容です。

ところが、「1日に18時間」「うまくいかない方法を700通り」という言葉が入っただけで、印象はがらりと変わり、言葉の価値がグンと高まる。

この文章の構造を学ぶことは、自分が書くときにも大いに役立ちます。

極端な言い方をすると、**ありきたりで常識的な言い回しに、過剰で具体的な条件を表す言葉を組み込むと、その文章は名言に変わる**のです。そして、名言風にアレンジされた文章はシンプルな言い回しに比べて、強い力で相手の心に迫っていきます。

## 心をつかむフレーズのつくり方

こうした名言の構造を自分が書く文章に活かすために、伝えたい内容を名言風にアレンジしていくトレーニングをしていきましょう。

「なぜか？　という疑問を持つことが大切だ」

このメッセージを伝えるとして、これを名言風に仕立てるなら、あなたはどのように表現しますか？　解答例の1つとして、アインシュタインの言葉を紹介しましょう。

「なぜか？　という問いは、**その答えの100倍重要だ**」

続いて、

「アイデアを出すのに必要なのは忍耐力だ」

というメッセージならどうでしょうか？
アンドリュー・カーネギーはこう表現しました。

「アイデアとはゆっくり育んでいくもので、1日では生まれない。**本当に必要なのは発想力ではなく、忍耐力だ**」

最後にもう一つ、

「あきらめないことは大切だ」

これを訴えたいなら、どんな表現になりますか？

解答例は、有名な漫画から。

**「あきらめたらそこで試合終了だよ」**

名作のバスケット漫画『スラムダンク』からです。

漫画のコマが浮んできそうですが、「試合終了」という言葉は、あきらめが時計の針を進めてしまうというイメージをかき立てます。逆に言えば、あきらめなければ戦いは続くのです。

文章力のトレーニングにも終わりはありません。あきらめなければ、可能性はどこまでも広がっていくのです。

# たった3ステップで人を動かす文章が書ける

ステップ1

## 「書かない」3原則を唱える

1. あれこれ書かない
2. きれいに書かない
3. 自分で書かない （→ P.88）

ステップ2

## 7つのトリガーから1つ選ぶ

7つのトリガーから文章の内容を選ぶ。
ブレない説得力のある文章を、
素早く悩まずに書ける。（→ P.162）

ステップ3

## 5つのテクニックで書く

5つのテクニックを意識するだけで、
メールやLINE、ちょっとしたメモでも
人を動かせるようになる。（→ P.222）

第2章

# 「書かない」3原則で人を操る

# 人を操る文章の共通点とは？

**読み手の心を動かし、行動へと導いてこそ、初めて文章は存在する価値がある、これがメンタリズム文章術——。**まえがきと前章を通して、この文章が持つ本当の力について説明しました。

この第2章では、メンタリズム文章術の特徴である3つの「原則」をお伝えします。

これは、本書の第3章、第4章で解説する「引き金」と「テクニック」の土台となる部分。読み手の心を自在に操る文章を書く際の心構えとなるものです。

この原則を知ることで、「なぜ大多数の人が、読み手の感情を揺さぶり、行動へと導く文章が書けないのか？」——その理由である、文章を書く際にとらわれている3つの「誤解」についての理解が深まります。

では、さっそく1つ目の原則から。

## 人を操る文章の3つの原則

原則 1

**あれこれ書かない**

原則 2

**きれいに書かない**

原則 3

**自分で書かない**

# メンタリズム文章術　原則1
# 「あれこれ書かない」

**メンタリズム文章術の原則の1つ目は、「あれこれ書かない」**です。

あえて短い文章で相手の想像力を利用して、行動を導く。この原則は、あらゆる文章で使えるテクニックです。

書き方のポイントとなるのは、「自分が何を伝えたいか」ではなく、「この文章を読んだとき、相手にどんな行動をして欲しいか」で考えること。

そして、どのように書けば読み手が**「それをしてもいいかな？」「ぜひそうしたい！」と思うのか、**を考えるのです。

「残業を頼みたい」ではなく、何と頼めば「俺じゃないとできない」と思うのか。

「企画を提案したい」ではなく、どんな企画なら「この企画ならいけそうだ！」と思うのか。

「お買い得だと伝えたい」ではなく、何を書けば「いま買わないと損だ」と思うのか。

## ■「伝わる文章」よりも「したくなる文章」を書く

これは冒頭で紹介した「**あなたの思う世界最高の美女とは?**」というワンフレーズにも通じています。読み手は、この短い文章を目にした途端、自分の描く「最高の美女」をつい想像してしまうのです。


「**今しか見れない姿、残しませんか?**」というオムツ売り場の文章も同様です。

そのコピーを目にした買い物客は、今まさに我が子が展開している初めてのドラマの数々を思い出し、それをカメラで撮っている自分を想像します。

その結果、「オムツを買ってください」とも、「カメラを買え」とも言っていない、ましてや商品の説明さえもされていない文章なのに、レジに向かうお客様のカゴの中には、紙オムツも使い捨てカメラも入ってしまう。

## 人を操る文章とは？

 **伝わらない**文章

 **伝わる**文章

 **したくなる**文章

ここには、たった1行の言葉しか書かれていません。なぜ、この短い文章が人の心を動かすのでしょうか？

**人は、受け取った情報が足りないときは想像や予測で判断する習性があります。**

では、この想像や予測が、何に基づいているのかというと、その人の知識と体験、つまり記憶です。記憶に残りやすいものは、強い感情を伴う出来事、例えば自分にとって好ましいことや望んでいること。

ですから、読み手は情報量の少ない文章に触れると、自分にとって好ましい方向へ想像力を働かせやすいのです。

読み手の想像力を利用する――。これが

メンタリズム文章術の一番の特徴です。

つまり、読み手が都合のいいように想像できる、ある程度の「隙」や「余白」を残している文章が、いい文章だという言い方もできるわけです。

先ほどの美女についての言葉も、オムツについての言葉も、読み手の読みたいように想像されながら読まれているのです。

ポイントさえ押さえていれば、心は動かせます。いえ、勝手に動かされてしまうのです。そのためには、きちんと説明された長い文章である必要はありません。

**これが文章を書くことについての1つ目の誤解**です。

文章は、伝えたいことを並べ、詳しい情報を与えて十分に説明されているからといって、読んだ人の心が動くものではありません。

また、あれもしてほしい、これもしてほしいと、書き手のねらいがボヤけていると、読まれても、すぐに忘れられます。

いちばん危険なのは、書き手であるあなたが「相手にどう行動して欲しいかわかっていないとき」です。

「人の心を動かす文章が書きたいんです。でも、何をして欲しいのかはわかりません」では、大問題。伝えたいことばかりを列記して相手に丸投げするのは、晩ごはんのメニューを決めないでスーパーに行き、目についた食材を手当たり次第買ってくるようなもの。

できあがるのは闇鍋で、どんな結果になるのか見当もつきません。

文章を書くときのスタート地点は、「相手にどんな行動をして欲しいか」を考えることです。ラブレターなら、「好きだと伝え、できれば相手にイエスと言わせて、交際を始めたい」がスタート。

このように設定するゴールを1つに絞り込み、文章を書くことを広告の世界では「ワンメッセージ・ワンアウトカム」と言います。

伝えることを削って1つに絞り込むことで、相手が行動しやすくなるのです。

## ワンメッセージ・ワンアウトカムの原則

文章の中に込めるのは1つのメッセージ。

そのメッセージが相手に伝わり、心を動かすことで、1つの結果を得る。これが、ワンメッセージ・ワンアウトカムの考え方です。短いセンテンスで、説明しすぎない文章を書くコツでもあります。

ラブレターを例に言えば、「好きです」と伝える文章で少なくとも相手の心を「ドキッ(この人、気になるかも)」には持っていきたい。

これがねらうべきたった1つのゴールです。

同様にセールスレターであれば、「買ってください」という意味のワンメッセージによって、「欲しいなぁ、買おうかな」と思わせる。プレスリリースであれば、「紹介してもらいたい」という思いを込めたリリース文によって、「これはおもしろそうだ。あの人にも教えてあげよう」と関心を抱かせる。これらが、1つのゴールです。

何より大切なのは、文章を書く側が、読み手にどんなリアクションをして欲しいかについてイメージできていることです。

自分の気持ちを伝えたい！　好きです！　こんなに好きです！　あのときから好きになりました！　あなたのこんなところが大好きです！

と、こんな一方的で伝えたがりなラブレター受け取ったらどうですか？

たしかにワンメッセージにはなっていますが、これでは引かれてしまいますね。

では、この「！」連発のワンメッセージには、何が欠けているのでしょうか。

それは、文章を書くときに真っ先に考えなければいけない「相手にどう行動して欲しいか」の中の「相手の姿」です。

## 伝えたいことを1つに絞ると、人は動く

どんな人が読むのか。

読んだ人にどう行動して欲しいのか。

つまり、ワンメッセージ・ワンアウトカムがきちんと効果を発揮するためには、「誰」が読むのかの確認と分析が欠かせません。

相手にとって読みやすくてわかりやすい「書きすぎない文章」にするため、書き出す前に、誰が読むのかな？　と考え、材料を集めて文面を練ること。

これをやらずに書かれた文章は、緻密であろうと、正確であろうと、美しい言葉が散りばめられてあろうと、人の心を強く動かすことはありません。

上司に指示されたから書いたセールスレターや仕事上仕方なくマニュアルに従って書かれたプレスリリースが、人の心を打たないのは当たり前です。

なぜなら、その文章は誰でもない誰かに向けて書かれているから。だから読まれないのです。読み手が待っているのは、自分(わたし)に向けて書かれた文章です。

また、相手のことがしっかりとイメージできていれば、文章に使う言葉選びも変わってきます。

例えば、小学生に「**国債**」について説明するとしましょう。

前提となる知識のない相手に対して、くどくどと制度の歴史や仕組みを解説しても意味がありません。

そこで、伝え上手な人は「**国債とは、国の借金のことです**」と、書きすぎない文章で本質を示します。

厳密に言うと、これは正確な説明ではありません。国債は買ったり、売ったりすることができますし、借金なのに商品のように流通しています。

ただ、そんな違いを一つひとつ説明していったら、文章はとても長くなり、小学生はきっと途中で読むのをやめてしまい、「国債＝何だかよくわからない」で終わってしまうことでしょう。

そこで、ワンメッセージ、ワンアウトカムです。

相手に一番伝えたい要素を取り出し、「国債は、国の借金のことです」と打ち出す。

これなら「国債＝国の借金」というイメージは伝わります。

そして、より深い興味を持った小学生には、詳しい説明をすることもできます。

このように相手が誰だかわかっていれば、理解してもらいやすいよう情報を加工することができるのです。

相手がイメージしやすい簡潔な言葉を使い、短い文章で伝えれば、直感的に理解してもらえます。

いつもいつも100％正確に伝える必要はなく、相手に合わせて情報の量を調整して書くことを心がけましょう。

**結局、心を動かすエンジンは相手の中にしかなく、文章はそのスイッチを押すための道具に過ぎません。**そして、スイッチは指先1つで押せるように、文章もまた、短く、説明しすぎない簡潔なものでいいのです。

POINT

**あえて文章を短くすることで、読み手の想像力を借りる。「伝わる文章」よりも「したくなる文章」を書こう。**

# メンタリズム文章術　原則2
# 「きれいに書かない」

メンタリズム文章術の原則2は、「**きれいに書かない**」です。

これは端的に言うと、感情を揺さぶるような文章を書け！　ということ。

これはどんな文章にも共通する原則です。

国語の教科書に出てくる随筆のような文章、文法に誤りがなく句読点の使い方も正確な間違いのない文章というのは、するすると読み進めることができます。それらが悪いわけではありません。

しかし、相手の心を動かすという意味では決定的な力が欠けています。それは感情に働きかける、感情を揺さぶるという力です。

まじめに書くほどこちらの気持ちがこもらず、「きれいな文章＝表面的な文章」になってしまいます。これでは、読み手の心にも届きません。

例えば、便箋に

冷え込む季節になりましたが、お元気にお過ごしでしょうか。
さて、この度は、田舎で有名な漬物をお贈りいたしました。
末筆ながら貴社の更なるご発展ご繁栄を心よりお祈り申し上げます。

のような、「時候の挨拶」から始まるお礼状を綴り（つづ）り、贈り物に添えて送ったとしましょう。受け取った側の心に、その文章は残っているでしょうか。いただいた品物については記憶に残っても、型通りの挨拶文は「添えてあったな」程度の印象しか与えません。

そこには送り手である、あなたらしさがなく、また、あなたと相手を結びつける言葉がないからです。

一例として、個人的に印象的だった贈り手の言葉を紹介します。

## 「これ、作家の佐藤優さんも使っているらしいよ」

これは、先日、仲の良い読書家の友人から「書見台」をプレゼントされたとき、添えられていたひと言です。

書見台は、本を開いたまま置いておき、参照しながら書き仕事などができる道具。私は本が大好きで、日に何冊も読んでいます。それでも書見台はそれほど欲しいと思っていませんでした。

ところが、読書家として尊敬している人物が使っていると教えられた途端、俄然、いいものをもらったという気持ちになりました。

時候の挨拶や品物の紹介といった文章は一切なく、**こちらの興味にズバリと刺さるたった1行が添えられていたこと**で、この友人とプレゼントのことは深く印象に残っています。

## 小綺麗でお利口な文章は読まれない

書くべきなのは、表現が稚拙であろうと、言葉選びが洗練されていなくても、個人的な思いや背景が盛り込まれた文章です。そこに相手との共通体験などを盛り込み、読み手の心と文章を結びつけなければいけません。

贈り物に添える文章に必要なのは、当たり障りのない時候の挨拶ではなく、飲みながら交わした何気ない会話の続き、相手が関心を持っていた出来事の報告、以前、聞いていた家族の近況を問うひと言など、互いを結びつける言葉です。

これさえ入っていれば、その短い手紙はズドンと相手の心に刺さります。

だから、当たり障(さわ)りのない**きれいな文章を書いてはいけません**。

これは、心を動かす文章を書く上で最も大切なこと。この本の中で10回以上、繰り返し伝えたいと思っています。

ところが、このコツをわかっていない人ほど、失礼がないように、自分の評価が下がらないようにと、きれいな文章を書こうとします。

**これが、文章を書く際の2つ目の誤解です。**

「きれいな文章を書かなくてはいけない」と気をつけるばかりでは、自分の感情を抑えてしまいます。

**こちらが感情を抑えてしまうと、それは鏡のような効果を生み、相手の心から湧き上がってくるはずの感情をも押さえつけてしまう**のです。

それでは結局、互いの気持ちは通じ合いません。

もし、心を動かしたいのなら「きれいな文章を書こう」という気持ちを捨てるところからです。文法的に乱れた詩（歌詩）など、ときには、飾り気のない粗い文章のほうが、激しく人を動かすことだってありますよね。

表面的な定型文では、相手の欲求や感情は動かせないのです。

## 人を動かすのは「論理」ではなく「感情」

「きれいな文章を書いてはいけない」という原則とともに覚えておいてもらいたい法

則が1つあります。

それは「**人は〝論理〟ではなく〝感情〟で動く**」という心理法則です。

人は論理で納得しても行動には移りません。

逆です。感情によって行動したあと、その行動を正当化しているのです。理屈をつけて、「正しい行動をした」と自分で自分を納得させているのです。

では、どのような文章なら、感情を動かすことができるのでしょうか？

例えば、親しくなった取引先の人へのメール。どちらがより親近感を覚えますか？

ヒントは、「**話しかけるように書くこと**」にあります。3つほど例を上げてみます。

×

「先日、オススメしてくださったお店でハンバーグを食べてきました。噂に違わず、おいしかったです」

○

「この間、教えていただいたお店、行ってきました。ナイフを入れた瞬間、**肉汁がジュワっ**と溢れるハンバーグ、びっくりするおいしさでした」

あるいは、ひょっこり舞い込んできたセールスメール。思わずクリックして、開いてしまいそうなのはどちらでしょう？

×「成功しているコンサルタントの仕事術、お教えします」

「**気になりませんか？**　年間報酬３０００万円が10年続くコンサルタントだけが知っている仕事の習慣」

レンタルビデオ店でついつい借りてしまいそうなのは、どちらのコピーでしょう？

×「恋に迷っているときに観たい映画」

「『**ねぇ私のこと本当に好き？**』とカレに聞く前に、この映画を観て下さい」

あなたは前者と後者、どちらに惹かれましたか？

きっと後者（赤色）だったのではないでしょうか。例文なのではっきりとメリハリをつけました。

後者の文章にはそれぞれ、読み手の感情に響くキーワードが入っています。どの部分がそのキーワードに該当するか、考えてみてください。

答えは、「**肉汁がジュワっと**」「**気になりませんか？**」「**ねぇ私のこと本当に好き？**」。

いずれも言葉も、場面とそこにいる人の表情が浮かびます。

「肉汁がジュワっと」にうっとりするあなたがいて、「気になりませんか？」と問われて、どれどれ？　と思案顔になるあなたがいて、「ねぇ私のこと本当に好き？」と、たじろぐ彼を追い込んでいくあなたがいます。

きれいな文章では使われない言い回しだからこそ、読み手の一人ひとりの感情に伝わっていく。そこに人の「顔」が見えるということが重要なのです。

逆に例文の前者側は、いずれも表面的。書いてあることに理解と納得はできますが、それだけです。

これは伝わりやすい文章を書こうとすると、ついつい陥りがちなワナ。大切なのは、きれいにまとめることではありません。

## 自分を正当化する人間の心理を利用する

書き手の感情が伝わる文章を読み、心が動かされると、読み手にある変化が生じます。

自分の心の動きについて、それを正当化するような論理付けをしてしまうのです。

例えば、「気になりませんか？　年間報酬３０００万円が10年続くコンサルタントだけが知っている仕事の習慣」というタイトルが気になってセールスメールを開いた人は、「どんな習慣なのか？」「年間報酬３０００万円が10年続くコンサルタントってどんな人？」「どんな生活をしているの？」など、内容を読む前から想像力をふくらませ、関心を持って内容を読んでくれます。

仮に書き出だしがイマイチでも、気になってクリックしたのだから……と**自分の行**

**動を否定できず、最後まで目を通してくれる**のです。

また、「この間、教えていただいたお店、行ってきました。ナイフを入れた瞬間、肉汁がジュワっと溢れるハンバーグ、びっくりするおいしさでした」という近況メールを受け取った側の気持ちはどう動くでしょうか。

きっと、書き手がニコニコとハンバーグを食べている姿などを想像し、「またおいしいお店情報を教えてあげよう」「今度はステーキの店に連れて行ってあげようかな」など、**次の行動を起こそうという気持ちになる**はずです。

このように読み手は心が動かされると、書き手のねらい以上に、多くのことを想像し、解釈を広げてくれます。そして行動したくなるのです。

POINT

**きれいな文章では、人は動かせない。読み手の感情と想像力を刺激しよう。人を動かすのは、論理ではなく感情。**

# メンタリズム文章術　原則3
# 「自分で書かない」

メンタリズム文章術の原則、最後となる原則3は、「自分で書かない」です。

「あれこれ書かない」「きれいに書かない」と続き、いよいよあなたから「書く」という行為さえも離れてしまいました。

というのも、**文章というのは書く前にその良し悪しが決まってしまう**からです。

では、「自分で書かない」とはどのような行為なのでしょうか。

例えば、私の友人に大手企業で働く30代後半の男性がいます。

数年前に年上のきれいな女性と結婚。仕事も順調で、プライベートでは趣味のゴルフやカメラを楽しみ、充実した毎日を送っているように見えます。

しかし、彼は結婚生活に1つの負い目を感じています。

それはベンチャー企業で役員を務める奥さんの収入のほうが多いこと。彼の年収も十分な額です。それでもなんとなく奥さんの発言権が強いように感じている。だからつい「自分のほうが家事を多めにやらなくては」と思ってしまう。悩みは些細なことです。いわゆる子どものいない共働き高収入家庭。自由になるお金も多く、周囲の人は彼がそんな負い目を感じているとは思わないでしょう。ところが、よくよく話を聞くと、彼は「**あと10万円くらい稼ぎたい**」「**いい副業はどこかにないか**」と考えているわけです。

もちろん、彼の条件をそのまま一般化することはできませんが、いくつかの要素が重なり合う人はたくさんいます。

年上の奥さんがいる、パートナーのほうが多く稼いでいる、なんとなく引け目を感じている。そういう要素を抱えた夫（男性）が何について悩んでいるか。それを想像することが、この原則「**自分で書かない**」ことにつながります。

彼らが何を考え、どうしたいと願っているのか。その条件がわかっていると、書ける文章も変わってきます。

仮にセミナーの案内を送るとしたら、タイトルを「**パートナーのほうが稼いでいる。そんな悩みを抱いている方もいるのではないでしょうか**」とすれば、続く文章を読んでくれる確率はぐんと上がります。

その上で、

「私がオススメするこのメソッドを身に付ければ、効率よく時間をマネジメントできるようになります。

本業の業績を上げるだけではなく、副業をする時間も作り出すことができるので、今の仕事を辞めなくても収入を増やすことができるでしょう。

ビジネスマンの平均「サボり時間」は、1日47分と言われています。

また、ビジネスマンの平均通勤時間は、片道で58分。

これらの活用されていない毎日約3時間もの自由な時間を活用することができるわけです。

そうすれば、パートナーのあなたを見る目も変わるでしょう。週末に家事をやっている場合ではありません！　週末の時間を私にください」

こんなふうに書けば、「ぐさり」です。これが、自分で書かない「読み手の心を読んで」書く文章です。うまい言い回しはいりません。

## 文章は自分で考えるな！ 書くべきことは相手の心の中にある

この手法は、「**行動や態度、言葉などから相手の心理を読み解き、思うままに誘導する技術**」というメンタリズムの本質と関わってきます。

原則1「あれこれ書かない」に従い、あなたが実現したいことを簡潔に記し、原則2「きれいに書かない」を守り、感情を込めた文章ができあがったとしましょう。

でも、それだけでは完結しません。

書いた文章には、必ず読み手がいます。

ラブレターであれば、意中の異性。提案書であれば、クライアント。報告書であれば、上司。ビジネスメールであれば、同僚や取引先の人。SNSであれば、友人や知人。ブログであれば、不特定多数の読者。日記であれば、自分。

文章には、必ずそれを読む人がいるわけです。

ワンメッセージ、ワンアウトカムについて紹介した部分で、すでに「どんな人が読むのか。読んだ人にどんな行動して欲しいのか」に注意を払うことの重要性は述べました。

誰が読むのかな？　と考え、情報を集めて文面を練っているか、練っていないか。この差は文章の仕上がりに歴然とした差を生み出します。

ところが、多くの人は自分が読ませたいことを考えて書こうとするばかりで、読み手のことについてあまり意識していません。それどころか、「書いたら読んでくれるもの」「説明したら納得してくれる、買ってくれるもの」と考えている人も大勢います。でも、現実はそんなに甘いものではありません。

**これが文章を書くことについての3つ目の誤解です。**

読み手は書き手が期待するほど、文章としっかり向き合ってくれるわけではありません。仕事の文章であっても、さらりと目を通す程度の人がたくさんいます。

文章で心を動かすというのはそう簡単なことではないのです。

だからこそ、「**読み手の心を読む**」ことが重要になってきます。

これを読むのはどんな人か、どんな人たちかを十分に調べておくこと。**ペンを持ったり、キーボードを打つのはそのあとです。**

具体的には、それまでやりとりしてきたメールの文面を見直す。SNSなどを使って、相手の趣味や興味をリサーチする。対面で会ったことのある相手なら、そのときのやりとりの中で印象に残っている言葉や出来事を思い返す。

これはラブレターを書くとき、意中の人のことを思い浮かべながら書いていくのと同じこと。ここぞ、という文章を書くときは、必ず書き出す前に読み手の心を読むことを心がけていきましょう。

## 相手の心をのぞき見る マインドリーディングとは？

心を揺さぶるという意味では、誰もが「いいね」と思う文章よりも、特定の人の胸に刺さる文章のほうが優れています。心を読む準備をするのはそのためです。

ダイレクトマーケティングの世界では、**マインドリーディング**と呼ばれ、メッセージを送るターゲットを分析し、そこに向けた言葉を選び、文章を作成していくことは当たり前のように行われています。

「マインドリーディング？　そんなの難しそう……」と思われる方も多いでしょう。でも安心してください。そういう方のために、誰でも、すぐに実行できるやり方を用意しました。

例えば、30代前半の男性に向けたセールスレターであれば、彼らの「興味」や「悩み」を調べていきます。

方法はいくらでもあります。

身近にいる30代前半の男性に話を聞き、普段、通っている店、遊びに行く場所などを教えてもらい、実際に足を運んでみるだけでも、彼らが何に興味があるのか、何で悩んでいるのか、何にお金を使っているのかが見えてきます。

自分の友達や親戚、同期などの身近で具体的な人を想定して書くだけでも、文章は鋭くなります。

相手の心を読んで、どういう言葉なら反応するのか。「こういう文章なら、読んだあとに行動してくれるかな」と考えること。

彼らのライフスタイルは？　会社でのストレスの度合いは？
大学を卒業してから会社に入って、3年目なら、今、何に関心があるだろう？
5年目だったら、どんな変化があるだろう？
10年経って、35歳が見えてきたら、何を思い始めるのか？
結婚？　子どもの誕生？　初めてのマイホーム？

そういったさまざまな要素を組み合わせ、相手の心を読み解き、刺さる言葉を見つけ出すこと。これがマインドリーディングという方法です。
詳しくは第3章で、「7つのトリガー」として紹介しています。楽しみにしてくださいね。

プロのマーケッターはそういった準備を行ってから、どういう言葉を使うと心を動かすスイッチになるのかを考え、文章にしていきます。

そして、私たちメンタリストは対面する相手のちょっとした言動から分析を始め、言葉を使って心を動かしていきます。

つまり、読み手がどんな言葉を使っているかを想定して書く。これが大切なのです。

さらに言えば、相手の心を動かす文章を書けるかどうかは、書く前にすべて決まってしまうとすら考えています。

だから、原則3「自分で書かない」は、あなたから「書く」という行為そのものが離れているのです。

書く前にどれだけ調べられるかで、勝負は決まります。ペンを取るまでにうんうんと悩み、書き始めてからも思うように進まないなら、それは準備が不足しているからに他になりません。

ペンを取ったとき、キーボードに向かったときには、相手の心を読み解き終え、一気に文章が書ける状態が理想です。

人の心を揺さぶる文章を書きたいなら、自分の頭の中を探る時間は最小限に。**刺さる言葉はあなたの中にではなく、相手の心の中にある**のですから。

つまり、自分が書きたいことを考えている時間があれば、それを読む人たちのことを調べたほうがいい。そのほうが、相手の心を揺さぶる文章を書く上で、はるかに役に立つということです。

POINT

**マインドリーディングをして、相手が読みたい内容や言葉を選び、文章を書こう。**

# 課題文 クリスマス前に「おひとり様」を集めるひと言が思いつきますか？

さて、本章の終わりに、1つ問題を出したいと思います。

ここまで紹介した「あれこれ書かない」「きれいに書かない」「自分で書かない」という3つの原則を使って、考えてみてください。

**Q.** あなたは中堅結婚相談所の社員です。宣伝を担当しています。

クリスマスシーズンを3カ月後に控えた秋、結婚相談所としては会員を増やすのに追い風の吹く季節です。

**クリスマスまでに恋人が欲しい、新たな出会いを期待したい。**そんな人たちに向けて、心に刺さる文章を考え、自社サイトに人を誘導すること。それが、あなたに課せられた仕事です。

果たして、どんな文章ならば「クリスマスまでに恋人が欲しい、新たな出会いを期待したい」と願う人の心を動かすことができるでしょうか？

もちろん、「人は〝論理〟ではなく〝感情〟で動く」という心理法則のこともお忘れなく。しばし、ページを閉じて考えてみてください。

じつは、100％を満たす正解はありません。

文章は数学と違い、正解がないからです。相手の心を動かすであろう言い回しの組み合わせは無数にあります。そのうちの1つとなる、私なりの答えを発表しましょう。

これは私が、中堅結婚相談所の社員だったら……と想像して、書いたコピーです。

「**まだ間に合います**」

それだけ？　そう、それだけです。言葉として書き記す文章は「まだ間に合います」だけ。ただし、この「まだ間に合います」の横に、次のような「仕掛け」をします。

まだ、
間に合います
www.madamaniaimasu...
婚活プロジェクト
検索

クリスマスの到来を想像させるツリーと「まだ間に合います」の組み合わせ。これで、読み手は恋にまつわるクリスマスのイメージを膨らませていきます。

すでに述べた通り、私たち人間には、知識と経験をもとに見たい現実を想像してしまう本能がありますから、気の早い人はもう、ツリーの下での彼、彼女との待ち合わせなんてシーンを思い浮かべるかもしれません。

いずれにしろ、「今から彼、彼女をつくる方法」「クリスマスまでにステキな恋人をみつけよう」といった言葉が書かれているよりも、はるかにグサリとくるはずです。

この言葉を目にした人が、3カ月後のクリスマスに思いをはせ、そこで楽しく過ごしている自分をイメージさせることができれば、この問題の条件は十分にクリアしたと言えます。

もちろん、あなたの文章力の向上も「まだ間に合います」。

さて、次の第3章では、**読み手の心にフォーカスし、ピンポイントに感情を揺さぶるために書くべき内容**について掘り下げていきます。題して「7つの引き金（トリガー）」。この武器を手に入れれば、あなたの書く文章は飛躍的に鋭さを増していくことでしょう。

# 「書かない」3原則

原則 1

## 「あれこれ書かない」

あれこれと内容を詰め込み過ぎた長文はすぐに飽きられる。ねらう結果を1つに絞り込み、あえて短文にすることで読み手の想像力を利用する。

原則 2

## 「きれいに書かない」

美しいだけの文章、理路整然とした表面的な文章では心を動かせない。感情を込めた文章で、読み手の想像力を刺激し、感情を引き出す。

原則 3

## 「自分で書かない」

自分の頭の中に答えはない。書く前の準備で、相手の読みたい内容、求めている言葉を探ること。それを提示できれば自ずと動いてくれる。

# 第3章

# 人を動かす7つの引き金で、何を書けばいいかもう悩まない

# 読み手の心を撃ち抜くテーマとは!?

繰り返しますが、**メンタリズムとは、「行動や態度、言葉などから相手の心理を読み解き、思うままに誘導する技術」**のことです。

「それって、相手を騙（だま）して、裏をかくってことでしょ」と言う人もいるかもしれませんね。何か悪いことをしているような気分になる方もいるかもしれません。

しかし**相手を誘導するには、相手の心に寄り添うことが最も大切なこと**なのです。

そのために欠かせないのが、相手の人となりや、興味や悩み、家族構成、仕事など、その人を形づくっているあらゆる要素について観察し、学んでいくことです。

これらを観察し、誠実に相手の心に寄り添い、欲求をつかみ、いい関係を築いていいく。本来のメンタリズムとは、そのための技術と言っていいでしょう。

そして、メンタリズムを応用した、メンタリズム文章術にとって欠かせないのも、相手を観察して学んでいくことです。


この第3章で紹介する7つの引き金（トリガー）は、いずれもメンタリズムを文章に応用したもの。相手の心の内を推し量り、反応を観察し、コミュニケーションを深めていく。言わば、言葉によって相手の心を動かすための7つの手がかりです。

どんなきれいな文章でも、読み手の心を動かして行動へと導けなければ価値はありません。


では、「心を動かす文章」と「動かせない文章」は、何が違うのでしょうか。

その答えは、読み手の欲求に刺さるかどうかにあります。

人は「**自分の欲求と関連したことが書いてある**」と気づいたら、すぐに目の前の文章を読もうとし始めるのです。

例えば、家電製品の取扱説明書。

たいていは、文章として素晴らしいものではないですよね。それでも「買ったばかりのドラム式洗濯乾燥機を動かしたい」というハッキリした欲求があれば、人は必要なキーワードが書かれたページを探して読み進めていきます。

つまり、読まれる文章には、うまさや美しさではなく、「**あなたの欲求を満たすものがここにありますよ！**」という強い求心力が備わっているのです。

その求心力の源となっているのは、読み手の心の中に渦巻いている欲求です。

知りたい、学びたいという興味、悩みを解消したいという思い、損をしたくない、得をしたいという本音、誰かに認められたいという心。

こうした欲求はあなたの胸の内にもあるはずです。そして、その欲求に関連した言葉を散りばめることで、あなたの書いた文章は読み手にとって読んでみたい文章に変わっていくのです。

心の動きを書き出すなら、こうなります。

**魅力的なキーワードを散りばめる→読み手がキーワードに気づく→読もうと思う**

つまり、読み手を観察し、その文章を「読みたい」と思う内容（＝欲求に刺さる言葉）を、引き金（トリガー）として文中に埋め込む。このトリガーを仕掛けることが、メンタリズム文章術の真骨頂です。

## 感情を揺さぶり、人を行動に駆り立てる7つの引き金

私はメンタリストとしての経験を踏まえ、人間の強い欲求が潜（ひそ）む分野を大きく7つに分けています。

この7つの分野に関連する言葉を引き金とすれば、高確率であなたの文章は相手に読まれ、心を動かし、思うままに誘導できることでしょう。

ねらいを定めて引き金を引けば、弾き出された言葉の弾丸が相手の心を射抜くのです。引き金は、次の7つです。

## この 7 つのトリガーだけで相手は動く

トリガー1
興味

トリガー2
ホンネとタテマエ

トリガー3
悩み

トリガー4
ソン・トク

トリガー5
みんな一緒

トリガー6
認められたい

トリガー7
あなただけの

もしかして右の図を見て、「新鮮味がないな…」と思われたかもしれませんね。

でも、これでいいのです。この7つは、人類が誕生してから、ずっと私たちの心を動かし続けてきたもの。「知っているだけ」と「実践している」は、別物です。

もちろん、実際に文章を書くにあたってこの7つすべてを駆使する必要はありません。状況や条件、目的に応じていくつかを組み合わせることで、読み手の心をわしづかみにして、こちらの思い通りの行動へと導くことができます。


その第一歩となるのは、観察です。

メンタリストは相手と対面し、会話する場合、その人の外見や言葉に現れたものから手がかりを探っていきます。これは**コールドリーディング**と呼ばれる技術で、習得までにある程度の訓練が必要になる高度なもの。


ところが、文章であれば観察はとても簡単です。

たった7つの「トリガー」に着目するだけでいいのです。

人にはそれぞれ反応しやすい言葉、キーワードがあります。

例えば、第2章で触れた「作家の●●さんも使っているよ」という言葉に反応する人もいれば、「パートナーのほうが稼いでいる、あと10万円稼ぎたい方へ」という言葉に反応する人もいるでしょう。

そのためには事前に相手を観察し、興味や悩みを見抜くことが重要になってきます。これが7つのトリガーに共通する視点です。


どんなに美しい文章を書いたとしても、それが読み手の心に刺さる内容でなければ目を通してもらえません。

それは夏目漱石や芥川龍之介、谷崎潤一郎といったすばらしい美文家の作品を誰もが読んでいるわけでないことからも明らかです。

文章は拙(つたな)くとも携帯小説のほうが心に刺さる世代もいれば、長編小説でなければまったく読みたくないという人もいる。

あなたが仕事やプライベートで、文章を送る相手はどんな方でしょうか?

# トリガー1 ▼ 興味

1つ目のトリガーは「興味」です。

文字通り、文章の読み手はどんなものに興味を持っているのかを探っていきます。

メンタリストは初対面の人との会話でも、**リーディング**という手法で、相手の興味を把握することができます。しかし、これはかなりの高度なテクニックで、身に付けるには多くの理論を学び、訓練を重ねなければなりません。

「リーディング？　高度なテクニック？」。

そんなふうに書かれると面倒だと感じる方もいることでしょう。

でも、安心してください。なぜなら**文章の場合、相手の興味を探る方法は会話より**

**もはるかに簡単**だからです。

もし、あなたが文章を読んでもらう相手と、すでに何度かメールのやりとりをしていたならば、すでにヒントを手に入れたようなもの。過去のメールの中にお宝が眠っているはずです。

最近、訪れた場所、食べたもの、見たテレビの話など、プライベートの情報をやりとりしたなら、そこに書かれている内容が相手の興味の方向をそのまま示しています。

仕事上の付き合いのみで、事務連絡のようなメールをやりとりしているだけでも、言葉使いや案件に対する考え方から人柄は伝わってくるもの。

また、こちらから少しくだけて相手の懐に入り、観察していくこともできます。

例えば、業務のやりとりで書いたメールの最後に「追伸」として、「今度、御社の近くでランチをしようと思っています。オススメのお店などありますか?」と、聞かれて、何の返信もナシということもないでしょう。

イタリアンなのか、昔ながらの定食屋なのか、ワンプレートランチが売りのカフェなのか。ちょっとした1行のやりとりだけでも、普段の相手の好みが見えてきます。

「相手の興味を探るんだ！」と大上段に構える必要はなく、気軽に身近なところから始めていきましょう。まずは、やりとりしたメールの履歴を見直してみることです。

## スマホを3分さわるだけで、相手の興味が丸わかり

とはいえ、メールの履歴がない場合もあるでしょう。

そのときはどう調べればいいのでしょうか。

一見、難題のように思えますが、じつは年々、観察しやすい状況になっています。

それはツイッターやフェイスブックといったSNSの発達のおかげです。

これから手紙やメールを送る相手、企画書を提出する上司、提案書を渡す取引先、出会ったばかりの異性、付き合いたての彼氏彼女などなど。名前がわかるだけで、多くのことを調べられる時代です。

「今日は**憧れていたハワイのゴルフ場**に来ていまーす！」
「**新しいパソコン**を買いました。これから開封の儀に入ります」
「秋っぽいコーディネートにピッタリの**腕時計**をみつけました」

こんなツイートやフェイスブックへの書き込みを見ただけで、その人の趣味、お金の使い道、言葉の使い方などがすぐにわかりますよね。

これはSNSが浸透していなかった時代から考えると、すごいことです。

しかも、文字情報だけでなく、写真まで一緒にアップされていることも多々あります。自分の顔を出す人なのか。キャラクターのぬいぐるみなどの風景を載せる人なのか。どんなタイプの友だちと一緒にいるのか。

わざわざ2人や3人でいるところをアップしているなら、同席している友人はかなり親しい仲です。**人は共通点のある相手に接近していきます**から、その友人たちのSNSを見ることで、さらに深い情報を得ることもできるというわけです。

ですから、もし、これから文章を送る相手である彼や彼女がSNSを利用しているなら、過去をさかのぼること。

それだけで趣味の変化や今、興味のあることがすぐにわかります。また、交友関係を観察すると、どんなコミュニティにいるのかも見えてきます。調べたうえで、

「幸せそうなマミ。私のほうが絶対先に結婚すると思っていたのに……」

という注意を引く文章もたやすく書けるようになります。

このように**事前に相手を観察し、調べることをホットリーディング**と呼びます。

例えば、気になる異性を食事に誘うとき、「今度、食事でもどうですか？」とメールするのと、事前にツイッターで「ピザが食べたい」とつぶやいたのを知った上で、

**「最近、石窯で焼くパリパリのナポリピザの店を見つけたんですけど、ご一緒にどうですか？」**

と誘うのでは、間違いなく後者のほうが心に刺さります。

なぜなら、前者はあなたの希望を伝えているだけで、後者は**相手の興味を満たしているから**です。

どちらが「行こうかな」と思わせるかと言えば、興味のあるほうに決まっていますよね。


当然、これはビジネスシーンでも同じです。

プレゼンの資料や企画書を書くときに、相手が普段使っている用語、反応しやすいフレーズを散りばめることで、読んでもらえる確率は確実に上がっていきます。


また、接待する相手がフェイスブックに梅酒のことを書いていれば、ありがちな店よりも梅酒の品揃えのいいお店に案内したほうが効果的なのは間違いありません。

「この度、日頃のご愛顧にお応えしたく一席設けさせていただきたいのですが、○○部長のご都合の良い日程を、お聞かせいただけないでしょうか」

「この度、日頃のご愛顧にお応えしたく一席設けさせていただきたいのですが、**全国の蔵元から選りすぐりの200種類の梅酒が飲める店を探しました！ 県内一の品揃えだそうです。**○○部長のご都合の良い日程を、お聞かせいただけないでしょうか」

どちらがいいか、一目瞭然ですね。

## どうして、一度も会ったことがない相手の興味がわかるのか？

もし、相手がSNSを利用していないとしても手段はあります。

たとえば、相手と同じ業界で働いている人のフェイスブックを見る。

会社のある地域の特徴や相手の出身地を調べる。

趣味がわかっていれば、その趣味についてまとめられている雑誌をチェックする。

ゴルフならゴルフ雑誌を、料理なら料理雑誌を読んで、最近のトピックを知っておくだけでも、心を動かすキーワードが見えてきます。

何度か会ったことがある人なら、前回相手が話していた内容が何よりも手がかりになります。相手が興味を持っていることを話してくれたら、それをすかさずメモしておくこと。これが次のタイミングに役立ちます。

旦那さんや奥さんの趣味の話でも、子どもの部活動の話題でも、上司や部下の愚痴でもかまいません。スマホのカバーや使っている文房具、ネクタイ、カバンなどを観察するのもいいでしょう。

そこで得た情報をお礼や連絡のメールの一文の中に忍ばせていく。たったそれだけの手間をかけることで、相手との距離感はぐっと縮まっていきます。

「リーディング」という名のリサーチによって、相手の興味を知ること。「興味」というトリガーを埋め込み、その引き金を引けば、相手の心が動き出すのです。

**POINT**

**SNSを使った「リーディング」で、相手の関心事を読む。そこを起点に文章を展開しよう。**

トリガー 2

# ホンネとタテマエ

安い給料だけど、若手だから文句を言えず遅くまで働いている（建前）。その一方、心の底では上司を苦々しく思い「昇進して追い抜いてやろう」と思っている（本音）。マンションを購入するために、節約して堅実に貯金している（建前）。けど、たまには気晴らしだってしたい（本音）。

会社でも、家庭でも、本音をこらえて、建前を意識しながらやり過ごす——。

脳天気なハリウッド映画なんかを見ていると、そう考えない人たちも世界にはいるようですが、この感覚、日本で暮らす大半の人に通じるものだと思います。

この、誰もが少なからず使い分けている、本音と建前。その間にあるのは、**理想**

**（こうありたい）と現実（こうあるべき）の狭間で揺れる感情**です。このギャップが大きくなればなるほど、その人を動かす、強いエネルギーに変わります。

この日本特有の感覚とも言える本音と建前を、相手の心を動かすトリガーとして使うのが、「ホンネとタテマエ」です。

そのとき強いフックとなるのが、人の心にある「建前を認めてほしい」という欲求。**心の中に秘めている本音を見抜き、認めてあげられたら、その人は認めてくれた相手を心から信頼し、本音を話してくれるようになります。**

建前のベールが剥がれて、本音を指摘され、それでいいと認めてもらう。これはもう遺伝子レベルに組み込まれているのではないかと思えるくらいの強さで、男女も、年齢も関係なく、人を突き動かす力となっていきます。

## なぜか信頼される人は、本音と建前を上手に使う

例えば、残業続きで帰りはいつも終電間際。上司から投げられる大量の仕事を断りきれず、あっぷあっぷしている状態の同僚がいたとしましょう。

そこに、あなたがこんなふうに声かけをしたらどうなるでしょうか？

×

「最近、あれもこれも抱え込んで大変そうですね。1つや2つ断ったって、○○さんの現状を見たら誰も文句言いませんよ。ホント、頭が下がります」

○

「○○さん、本当にお疲れさまです。**私も以前、同じような状態になってことがあり、毎日、終電続きでヘトヘトなりました。**本音を言えば、もういい加減、断りたいところだと思います。でも、言えないのがサラリーマンのつらいところですよね。お手伝いできることがあったら、気軽にメール下さい」

前者のように声をかけられた相手は、きっと「心配してくれて、ありがとうね」といった返事をしてくれるはずです。

でも、それは建前で、心には苦笑いとともに、「やってられないよ」「頭下げてくれるなら、半分手伝ってよ」といった本音を隠していることでしょう。

つまり、声をかけられたほうは建前で受け流しながら、本音は出せず、さらにしんどい思いをしてしまうわけです。

ここで、トリガー「ホンネとタテマエ」の出番です。

もしも、あなたが後者のような伝え方をしていれば、2人の距離はぐっと近づいていったはずです。

ポイントは、相手の本音を推測し、建前を取り払って認めることです。

タテマエ、現実ではこうあるべき=上司から仕事を投げられる以上やるしかない。

ホンネ、理想ではこうありたい=次から次へと舞い込む仕事を断りたい。

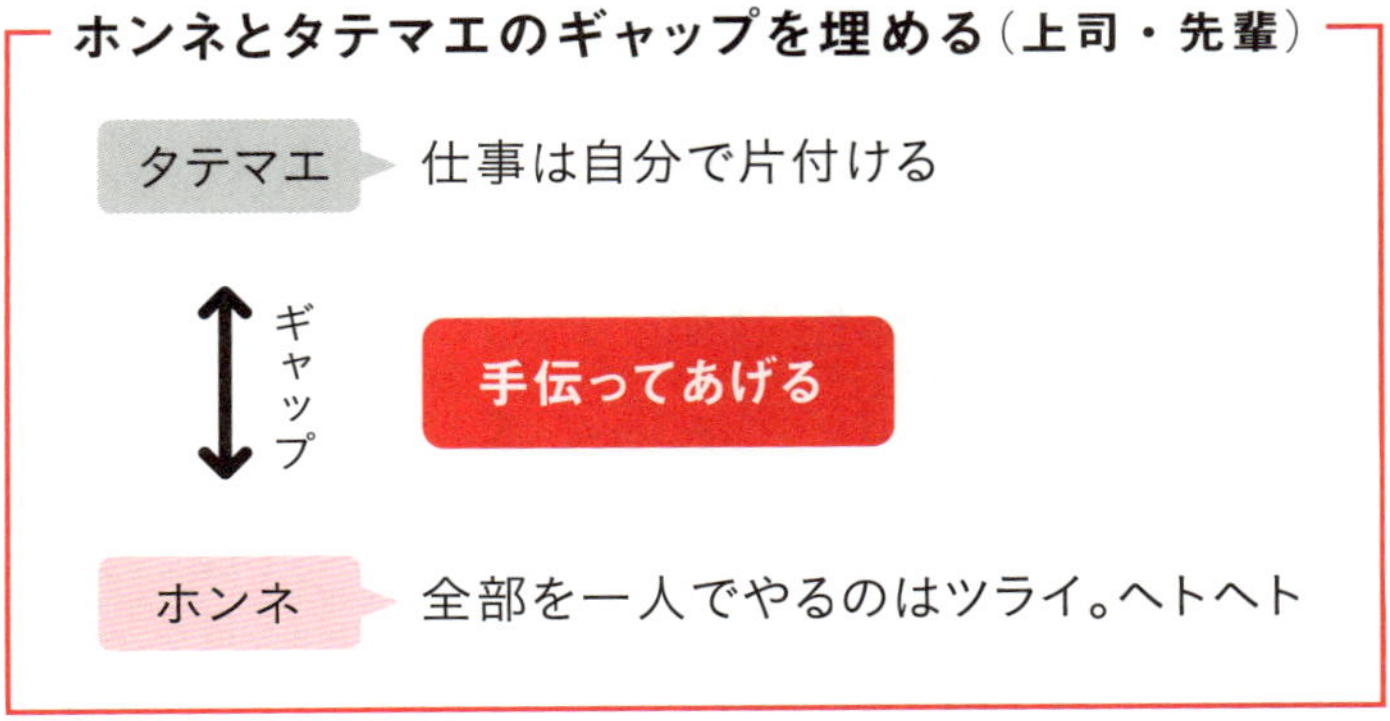

**ホンネとタテマエのギャップを埋める（上司・先輩）**

タテマエ　仕事は自分で片付ける

ギャップ　**手伝ってあげる**

ホンネ　全部を一人でやるのはツライ。ヘトヘト

この狭間で揺れている相手の感情を見抜き、「よくわかります」と共感して、手伝いを申し出る。

本当に手伝うことになるかどうかはさておき、このステップを踏むだけで、あなたは相手から「信頼できる人」「いい人」と思われます。

それは親しみにつながり、数少ない本音の愚痴を言い合える仲へと発展していくのではないでしょうか。

もちろん、今のやりとりを文章（メール）で行うこともできます。その際、やってほしいことは同じです。相手の抱えている問題（建前）を認め、その苦悩に共感しながら、本音に入っていく。そして、必ず本音を認めてあげることです。

気をつけてほしいのは、建前を触れずに本音から入ってしまわないこと。

後者の例文では、「**私も以前、同じような状態になっていたことがあり、毎日、終電続きでへとへとになりました**」という言葉で始まっています。つらくてもそれを口にできないサラリーマン。この一文があるとないとでは、共感の度合いは大きく変わってしまいます。


これは、自分の本音を見せているのです。それを知ることで読み手は信頼感を持ち、文章全体の説得力が上がります。

その上で、相手が断りたくても断れない状況にあるという建前を認めながら、その奥にある本音に寄り添っていく。すると、「この揺れる思いをわかってくれるのか！」という共感が広がっていきます。


相手の本音を見抜くだけでは不十分。

相手の建前まで見抜いてこそ、人を強く動かせるのです。

## 本音と建前の間に隠された、すさまじい欲望を利用する

じつはこの「ホンネとタテマエ」のトリガーは、広告の文章などでよく使われている手法でもあります。

例えば、食洗機の広告コピーではこんなフレーズがありました。

**「がんばるママの手が、悲鳴をあげています」**
**「年中、手荒れに悩むママに朗報です」**

主夫を務める男性が増えてきたとはいえ、今も食洗機のメインターゲットはキッチンに立ち、洗い物を一手に引き受けている女性たちです。

彼女たち、奥さん、ママには、毎日、家事をがんばっているという一定のイメージがあります。

主婦なら洗い物をして当たり前。

食事の用意をして当たり前。

家の掃除をして当たり前。

本当は炊事洗濯すべて苦手でも、多くの主婦の皆さんはタテマエとして、その役割を担っていかなければ、とがんばっています。

この食洗機の広告コピーは、そんな女性たちのタテマエを認め、手荒れという切り口で働きぶりに共感しながら、できれば洗い物の負担を軽くしたいというホンネに働きかけているのです。


「ホンネとタテマエ」のポイントは、「こうあるべき」とされているタテマエの部分と本人が「こうありたい」と思っているホンネとのギャップにあります。

**このギャップに相手の心を動かすエネルギーが詰まっていて、ここに〝カチッ〟とはまるような内容を文章で示して行動させる。**そんなイメージを持ってください。


朝から晩まで炊事洗濯に追われている女性。家族のためだからがんばれる。でも、本当は学生時代のようなつるつるした手に戻りたい。

**ホンネとタテマエのギャップを埋める（主婦）**

タテマエ　主婦として、家事はきちんとこなす

ギャップ

**家族と過ごす**
**自由な時間も手に入る食洗機です**

ホンネ　もう少しラクしたい。時間も欲しい。

肌荒れもなんとかしたい。負担を軽くして、ゆっくり本を読む時間くらいつくりたい。

こうした不満やストレスを文章によって認め、受け止めることで、本人が理想としているあり方を自覚してもらうこと。

理想の状態を自覚させ行動を促す（＝買ってもらう）ための文章が、広告コピーの役割なのです。

食洗機のコピーに出てくる手荒れは入り口に過ぎず、その言葉が突いているのは「本当はこうありたい」というホンネの部分です。

もっと言えば、**このコピーを見た女性たち**

**は家族（夫）に対してホンネを明かさずとも、手荒れというタテマエを使って商品の購入を迫ることができる。**

なんということのないコピーに見えて、本音と建前が使われたうまい言い回しになっているのです。

だから、読み手である女性たちの心に刺さるのです。

大切なのは食洗機の利便性のアピールではなく、それを使う人のタテマエを認めて、ホンネに入って行くこと。それがうまくいっているからこそ、食洗機を買おうかな……と検討させるだけの力を発揮するのです。

## 気難しい上司、ところがこの8文字をメールに入れただけで…

同じく「ホンネとタテマエ」のトリガーを、責任のある立場の人に対して使うなら、「**●●だって人間ですから**」「**普通の人だったら**」という言葉が、理想と現実の間にある欲求を刺激するキーワードになります。

例えば、責任の重い仕事をしている「学校の先生」に対して、

「ニュースで見ましたが、部活の顧問や試験の採点など、勤務時間外の残業も含めれば、先生の平均残業時間は95時間を超えるそうですね。その上、生徒だけでなく保護者の相手までしなくてはいけないなんて…。**普通の人にはできない大変な仕事だと思います。でも、先生だって人間ですよね。**酔いつぶれたくなる日もあるし、羽目をはずして遊びたい時もありますよね。がんばっているんですから、いいじゃないですか、たまには●●しませんか？」

そんなふうに言われると、先生たちは「うんうんうん」と頷(うなず)くはずです。

ときには失礼な文章でも構わない、「きれいな文章でなくていい」というのはこういうことです。的を射ていれば、内容を勝手に相手が補ってくれる。むしろ大事なのは、ホンネとタテマエのような技を使っていくという考え方です。

あるいは、大きなプロジェクトを動かしているリーダーに対して、業務メールを送る際、次のような一文を付けてみたとします。

「自分だったら、こんなプレッシャー耐えられないと思います。本当にお疲れさまです。明日以降もよろしくお願いします」

「**普通の人だったら、**こんなプレッシャー耐えられないと思います。本当にお疲れさまです。明日以降もよろしくお願いします」

責任のある立場にあるリーダーの多くは、自分の本音を抑えながら業務を遂行しています。しかも、仕事は失敗なく、過不足なく進んで当たり前。周囲にはがんばりを評価してくれる人も多くいません。

かと言って、部下の立場から上司を褒めたり、労(ねぎら)ったりするのは難しいものですよね。そんなとき役立つのが、「**普通の人だったら……**」という言い回しです。

建前では「やって当たり前」「部下の力があってこそ」と言わなければならないものの、本音では「たまには俺だって労われたい」と思っている上司に対して、「**あな**

**たは普通の人よりも上です**」と嫌味なく伝えることができます。

つまり、タテマエを踏まえながら、ホンネに迫ることができるのです。

ところが、先ほどの文章中の「普通」を「自分」としてしまうと、ガラリと印象が変わってしまいます。

自分＝あなたが仕事のできるタイプであれ、のんびりした人であれ、上司は「おまえと比べられてもなぁ」と当惑するはずです。

大切なのは、読み手の心にある、本音と建前の境界線を想像すること。

文章に落とし込むときも、**自分の頭の中にある言葉をそのまま書き出すのではなく、どの言葉を選べば相手に響くのかを考えること。**

このワンステップで文章の結果が決まります。

もう一例あげるなら、取引先の経営者にこちらの意見を通したいとき、こんなフレーズで「ホンネとタテマエ」を使うと、効果的です。

「○○社長は200人の社員とその家族の命を背負っています。その責任からすると、そういったお考え、結論に至るのは当然だと思います。**ですが、今回は……**」

建前の重要性を重くし、十分に認めるわけです。

すると、相手は聞く耳を持ってくれます。その上で、「ですが」「しかし」と、こちらの希望を添えていく。もし、こちらの希望が相手の本音に近いものであれば、事態は好転していくでしょう。

## POINT

**相手のホンネ（理想）とタテマエ（現実）のギャップに、心が揺さぶられるエネルギーが詰まっている。理想に気づかせて、行動したくなるスイッチを押そう。**

# トリガー3 悩み

たとえば、新聞や雑誌、インターネットを開けば、こんな広告コピーがたくさん目に飛び込んできますよね。

**「7キロやせて人生変わりました。でも運動はしていないんです。私がしたのは…」**

**「就活通って3年目。『何か違う』と思ったら」**

**「転職すると56・7万円収入がアップします」**

**「ご存じですか？　晩婚は離婚率が一番高いんです。失敗しないパートナーの探し方」**


それぞれ、「ダイエット＝健康の悩み」、「転職＝将来（夢）の悩み」、「年収＝お金の悩み」、「結婚＝人間関係の悩み」に関連するコピーです。

コピーとしての仕上がりはさておき、これを目にしたそれぞれの悩みを抱えている読み手の心は、「続きを読んでみようか」「クリックしてみようか」と動きます。

そこに悩みを解消してくれる「何か」があると期待をしてしまうから飛びついてしまう――。つまり**「悩み」は、人の心を動かす大きなフックになるのです。**

あなたの書いた文章が読み手の悩みをピンポイントで突いていれば、商品を売ることも、同意を取り付けることも、お互いの距離感をぐっと縮めることもできるでしょう。

## 4文字で悩みを当てる メンタリストのネタ帳をご紹介

しかも、人間の悩みごとには一定の分類があるので、簡単に見抜けます。

私はメンタリストとしての経験上、**悩みの9割は「HARM」(ハーム)の四文字に集約され、分類できる**と考えています。

HARMの「H」は「Health」、健康のこと。ダイエット、外見の変化、病気、加齢など、心身にまつわる健康はすべてここに含まれます。

「A」は「Ambition」、野心や大望という意味ですが、ここでは「将来の夢」や「叶えたい希望」と解釈しています。理想の仕事、出世したいという願望なども含まれるでしょう。

「R」は「Relation」、人間関係。会社での人間関係、友人、知人、恋人、結婚、離婚も含めます。

「M」は「Money」、ずばりお金にまつわる悩みです。収入の増減、借金、年金、住宅の購入など大きな買い物も含まれます。

そして、このHARMに「**世代**」をかけ合わせると、まるで占い師のように相手から「え？　なんで、私がそれで悩んでいるのを知っているの⁉」という反応を引き出すことも

**人の悩みは4つだけ**

| | |
|---|---|
| Health. | 健康、美容 |
| Ambition. | 夢、将来、キャリア |
| Relation. | 人間関係、結婚、恋人、会社 |
| Money. | お金 |

できます。

## 年齢がわかれば、ほぼ確実に悩みは当てられる

例えば、「H」の健康の悩み。

10代の悩みは、ダイエット、身長、肌荒れなど主に外見にまつわるものが中心です。

これが20代になるとどうでしょう。仕事などのストレスによる不調や肩こり、腰痛といったトラブルも増えていきます。

30代、女性ならば出産について真剣に考える年齢に差し掛かっていきます。男性も、体力の衰えや薄毛、肥満などの問題を抱え、フィットネスや健康食品などへの関心が高まります。

これが40代になれば、内科系の病気への心配が増え、ガン保険などの商品にも目が行くようになっていきます。

そして、50代、60代はまさに健康の悩みが、抱えている悩みの中心になってくる世

代。若い頃と比べて、「(体の)どこどこが……」というのが雑談の枕詞になり、医師から食事について塩分や糖分の制限を課せられるようになる人も出てきます。入院を経験する人も増え、体への関心は否応なく高まっていくでしょう。

70代、80代へと進むと、「終活」への関心度も上がり、死というものを間近にとらえるようになります。

つまり、同じ健康の話題をフックにする場合も、世代によって少しずつ言葉の使い方を変える必要があるということです。

例えば、女性をデートに誘うとき、「H」をうまく活用するなら、こんな言い回しになるでしょう。

**「すごくおいしいスイーツのお店を見つけたけど、一緒に行かない? ローカロリーだけど、自然な甘さで人気らしいよ」**

こういった文章が響くのは、10代、20代、ぎりぎり30代までのダイエットを意識している女性だと思います。

あるいは「A」、将来の夢をフックに雑誌の特集をつくるなら、こんな使い方がイメージできます。

10代向けであれば、「**受験だけが全てじゃない。そう思ったら夏の短期留学**」、就職前の20代向けなら「**内定者の83%が来場した適職フェア**」、就職後の20代へは「**キャリアアップのための転職プラン**」、そろそろお金に関する悩みも増え始める30代には「**同窓会、この中に2人は年収1000万円!?**」、出世のイスが限られてくる40代には「**部長になれる人の習慣**」、50代は「これまでのがんばりに地位がついてきていない」という強い不満やあきらめを感じている人も多くいます。それならいっそ、「**毎年190万円の年金だけで生活できますか?**」といった本業以外の投資などの提案もいいでしょう。

「R(人間関係)」「M(お金)」に関しても、書き方は同じです。

「**結婚**」というテーマをトリガーにしようと決めたら、読み手の世代に合わせ、どんな悩みを抱えているのか、想像しながら書き出します。

まだ結婚へのリアリティが乏しい10代には、悩みではなく、理想像をアピールしたほうが刺さるかもしれません。

婚活への焦りも出始める30代へのアピールポイントは年収よりも、趣味などの共通点の大切さではないか。

結婚したばかりの30代、40代には価値観の違いや新婚生活での驚き、「**この人で本当に良かったのか？**」といった要素が刺さる言葉になっていくかもしれません。

40代の結婚に関する悩みは、セックスレスや、「家庭に居場所がない」など結婚生活に対する不満へとシフトしていくのではないか。


これが「**お金**」というトリガーなら、また変わってきます。

20代、30代、40代、50代で何が変わるのか。

20代のお金の悩みは、ある意味、シンプルです。自分のために使えるお金を増やしたい。そのための方法は何があるだろうか。使い道も余暇が中心になっています。

これが30代になると、キャリアアップへの自己投資など、もう少し仕事寄りになっ

「人間関係」の悩みは、こう変わる

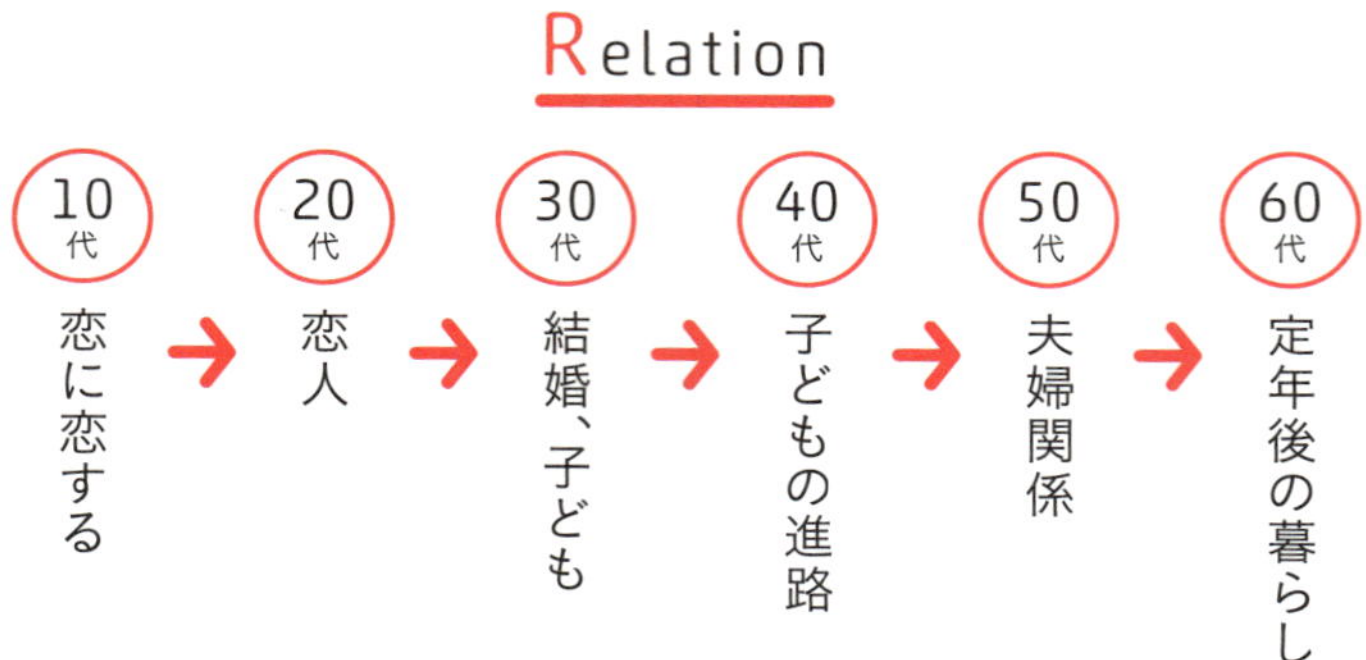


「お金」の悩みは、こう変わる

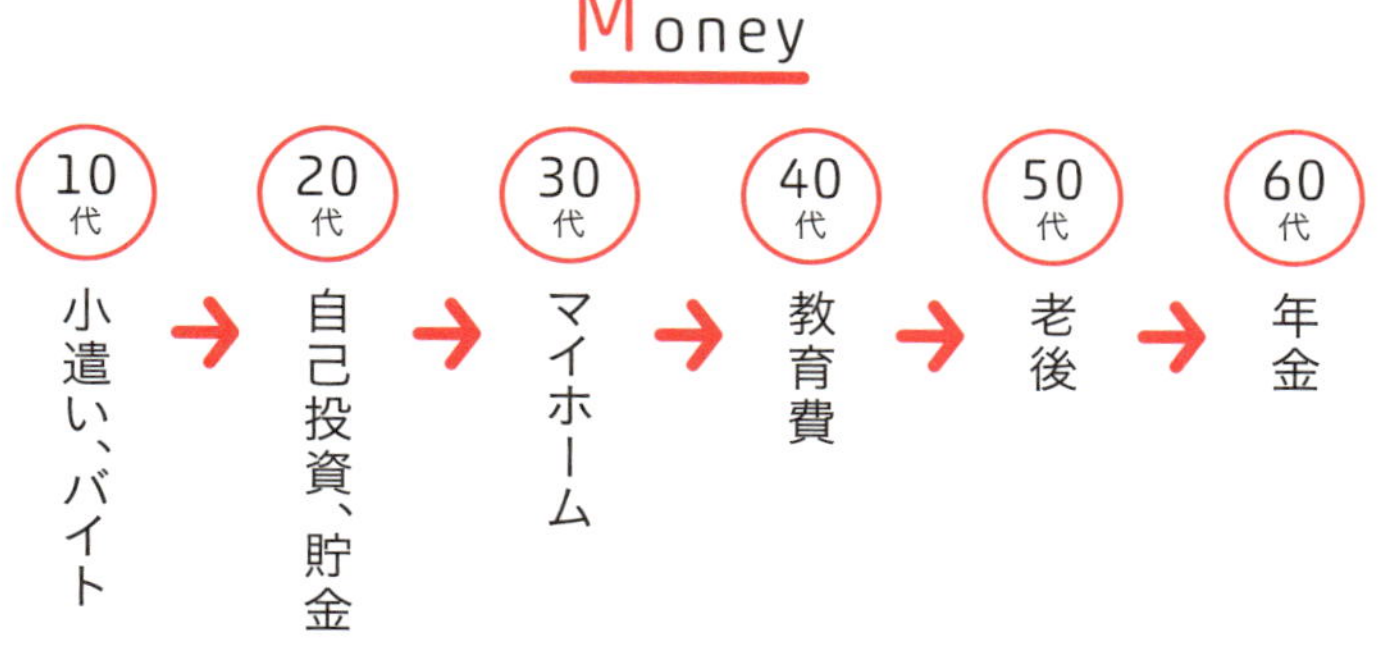

ていく。また、結婚資金や不動産の購入も重要な問題になってきます。40代は住宅ローン、子どもの教育資金など、より大きな額についての悩みが増え、50代になると老後の資金なども視野に入っていきます。

変化の流れとしては、年齢とともに自分に焦点が当たっていた「お金」が、配偶者やその家族、そして最後にまた自分へと戻ってくるというイメージです。

こうした変化について、仮説を立てつつ、検証し、実践していく。

世代別の悩みに関しては、厚生労働省の国民生活基礎調査をはじめ、さまざまな統計データが存在します。

インターネットで検索するなど、うまく活用していきましょう。

POINT

**年齢を知るだけで、人間の悩みは大別できる。悩みを見抜き、解決策を文章で示して、ねらい通りに誘導しよう。**

トリガー
# 4 ▼ ソン・トク

**「学生は機種変、タダ！」**

**「100万円でも100人に2人、無料キャンペーン！」**

**「もし、満足いただけなければ、金額返金いたします」**


あなたも、こんなキャンペーン広告を目にしたことがありませんか？

「無料が嫌い」という人はごくごく少数派。多くの人が、「無料！」という言葉に心が奪われる背景には、全人類共通する「自分が得することよりも損することに、より大きな影響を受ける」という心理があります。


**つまり、私たちは5000円の得よりも、5000円の損のほうを重く感じる生き物**なのです。

行動経済学でノーベル賞を受賞したダニエル・カーネマン氏らが行った実験でも、人が「損失を受けることで感じる心の痛み」は「利益の喜び」よりも大きいとされています。だから、損失が避けられるとわかると、得した気持ちになる。その心の動きを利用しているのが、各種の無料キャンペーンです。

なかでも私が「これはすごい！」と感じたのは、アメリカのとあるデパートが展開している「**5年返品無料サービス**」です。

どんな商品でも買ってから5年以内なら返品できる——。そう聞くと、気軽に買われて次から次へと返品が舞い込んできそうなものですよね？

ところが、返品可能期間を長くすればするほど、返品率は下がっていくというデータがあります。

なぜ、そうなるかというと、いつでも返せる安心感から商品を購入。いざ月日が経つと、たとえ商品が少々気に入らなくとも「返品するのが面倒だ」という心理が働くからです。

つまり、5年間返品無料というサービスは、お客様の心の動きを先回りして「**買っ**

**てもリスクはありません。無料ですから、買いやすいですよね**」と囁(ささや)きかけているのです。

これは**リスクリバーサル**と呼ばれる手法。大きな買い物を前にしたお客が抱える「リスク」を、売る側に「逆転」させることから名付けられたものです。

買って損するのが怖い、という心理を「無料」や「返金保証」という言葉でかき消し、購入に結びつけていく。

実際に返品されなければ、返金の必要はなく、まさに言葉の力だけで顧客の心を購買へと傾けているのです。

こうしたリスクリバーサルを使った「無料で安心」というキャンペーンの手法を文章術に応用したトリガーが、ここで紹介する「ソン・ト

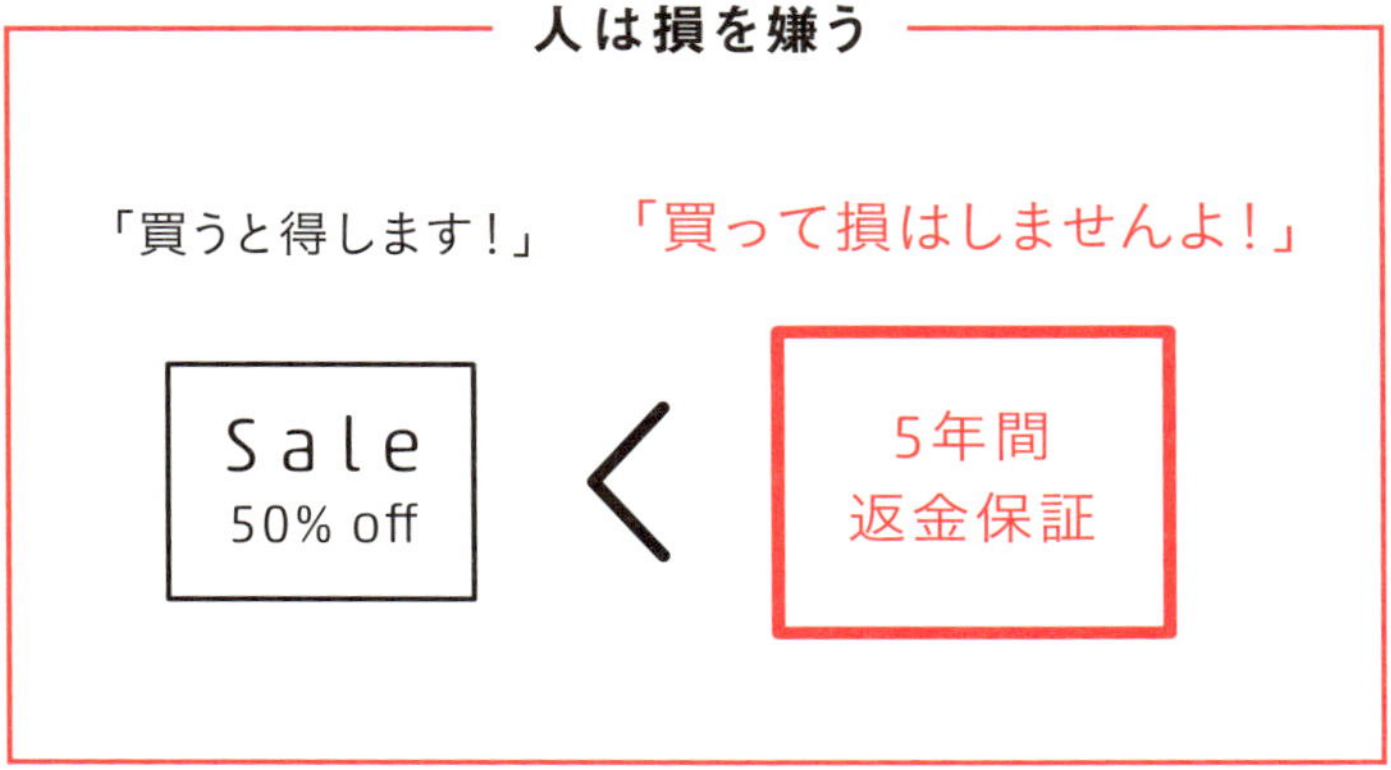

## 人は損を嫌う

「買うと得します！」　「買って損はしませんよ！」

Sale
50% off

＜

5年間
返金保証

ク」です。

## なぜ、ワケあり商品に惹かれてしまうのか？

「ソン・トク」とはどういうものか。こんな例から感じとってみてください。

あなたは今、新しいデジタルカメラを買おうとネットショッピングをしています。

ようやく価格に納得のいく商品が見つかり、2つのサイトで比較してみたところ、商品説明の文章が異なっていました。

×

「高画質でコンパクト。手ブレにも強く、運動会でお子さんを撮るのに最適です」

○

「**値段はちょっと高く感じるかもしれませんが、**画質が良くてサイズも小さく持ち運びが便利です。手ブレにも強く、運動会でお子さんを撮るのに最適です」

あなたはどちらのサイトの紹介に信頼感を覚えましたか？

4つ目のトリガーである「ソン・トク」は、心理学用語で**両面提示と片面提示**と呼ばれる、説得の手法を応用したものでもあります。

両面提示は、デメリットとメリットを両方とも伝える方法。

片面提示は、メリットだけを伝える方法です。


片面提示とは、例えば、「このデジカメが欲しい！」と指名買いでやってきたお客様に「高画質コンパクト。手ブレにも強く、運動会でお子さんを撮るのに最適です」「今なら、お安くしますよ！」と畳み掛けるようなイメージ。つまり、トクだけをアピールし、気持ちを後押しする方法です。


でも、相手が言っていることがいい事ずくめだと「ホントに⁉」って疑いたくなりますよね？

リスクを説明しないうますぎる投資話、新築なのになぜか安いマンション、こんな信憑性に欠けた怪しい文章を、ネット上などでよく見かけませんか？

もう一方の両面提示とは、物事の良い面、悪い面を均等に伝えることで、物事を疑ってかかる慎重な人や、その商品に対する知識を持っている人の信頼を得る方法です。

デメリットを知ることで、**相手はこちらを信頼してくれ、さらに「こういう部分は良くないんだな」と納得してくれます。**その上で決断させれば、その人は自分の決定に満足し、気持良く購入に動いてくれるのです。

ネットショップなどで人気の「ワケあり商品」は、まさにこの両面提示のコピーがヒットを支えています。

「こんなワケがあるので見栄えは悪いですが、安くてうまい」

「こんなワケがあるので量が多いですが、お買い得」

まさにソンとトクの両面を提示して、相手を惹きつけていくのです。

## デメリットを利用して、信頼を勝ち取る方法

この「ソン・トク」はビジネスシーンの文章、企画書、提案書、依頼書などでもすぐに使えます。

例えば、片面提示の企画書は一見、景気良くまとまりますが、見る人が見れば突っ

込みどころ満載の信頼に欠ける文章だと受け止められてしまいます。

また、社外の人に仕事を依頼するとき、メリットだけを書き連ねれば引き受けてもらえる確率は上がるものの、作業に入ったあと、トラブルが生じるかもしれません。

多くの人の協力ナシに物事が進まないビジネスシーンだからこそ、デメリットをきちんと提示し、その上で得られるであろうメリットを伝え、最後に企画への意気込みや「あなたに頼みたい」という想いを書き添えるべきです。

そんなソン・トク両面の揃った文章こそ、相手からの信頼を深めるトリガーとなるのです。


そして、ソン・トクという「順番」にも意味があります。

先にソンを示し、あとにトクを伝える。

両面提示を行う上で重要なのは、**ネガティブな情報を先に提示したあとで、ポジティブな情報を伝えるという順序**です。

最後にネガティブな話を持ってくると、どうしても相手の心に後ろ向きな印象が強く残ってしまいます。それではいくらメリットを盛り込んでも、心は動きません。

そうではなく、先にデメリットを淡々と並べ、それを上回るメリットとともに締めくくりましょう。

「私が今回推薦する●●は、とても有能で、社内での評価もトップクラスです。**ただ、『まだ若すぎるのでは？』と思われるかもしれません。**けれども若い分、これからの成長も期待できます」

「こういうところが短所ですが、こういう長所もあります」が、基本です。

最後に長所を伝えられると、親近効果と呼ばれる働きが生じ、相手の心にはポジティブな印象が強く残りますよ。

POINT

**正直にデメリットを書くことで、信頼が得られる。文章は、デメリットを上回るメリットで締めくくろう。**

# トリガー5 ▼ みんな一緒

**「あなた、まだスマホじゃないんですか？」**
**「すでに100万人の方が体験済みです」**
**「同期の◯◯さんは、もう始めていますよ」**

5つ目のトリガーは「**みんな一緒**」です。

ビートたけしさんのギャグ「赤信号、みんなで渡れば怖くない」ではありませんが、「みんな」というキーワードは人を行動に駆り立てる強力なトリガーになります。

例えば、東京など大都市のターミナル駅では、道端に倒れている人がいても通勤通学の人々の多くは見過ごして通りすぎていきます。これを見て、「都会の人は薄情だ」

という感想を抱く人も多いことでしょう。

でも、誰もが薄情なのかと言うと、少し違いますよね。

都会の人も自分の目の前で人が倒れたとしたら、周りの目がどうあれ、声をかけ、手を差し伸べます。困っている人から「手を貸していただけますか?」と声をかけられれば、よほどのことがない限り、協力するものです。

それが、ターミナル駅を歩く集団の1人になった途端、足を止めることがなくなってしまう――。これは、どうしてでしょうか?

これはまさに、みんながそうしているからです。

「みんな一緒」は、社会心理学用語に置き換えると「**社会的証明**」に当てはまります。

社会的証明。なんだか堅苦しい感じがしますよね。でも、簡単に言ってしまうと「**みんながしていることは正しい**」です。

さまざまな社会心理学での実験により実証されていますが、人は決定に迷ったとき、未知の状況に陥ったとき、周囲の人たちを観察し、同じ行動を取ろうとします。あなたも会議や合コンなどで、本当は意見したい、思い切ってあの子の隣に座りたいと思いつつ、ついつい他の参加者の顔色をうかがった経験がありませんか？

こうした日常的な空気を読む行動もまた、「みんな一緒」の力が働いた結果です。

しかも、この社会的証明の拘束力は強力で、最悪の場合、命を落とすようなケースも起きてしまいます。

最近では韓国で起きたセオル号沈没船事件で、「みんなが逃げ出さないから」「残ったほうが安全そうだから」という誤った情報と雰囲気によって、判断を誤り、逃げ遅れてしまう人が多数出てしまいました。

それほど人の心に強く働きかける「みんな一緒」。これを文章のトリガーとするときに気をつけたいのは、読み手が一緒になりたい、帰属したいと思っているカテゴリーを知ることです。

## 憧れのあの人が使っていると欲しくなる

例えば、「美魔女」という言葉。

これは年齢を重ねても美しくありたいという思いが込められた造語で、その言葉の意味を感じとった女性たちから支持されているわけです。

あるカテゴリーに帰属したいと感じていた人たちが、自分たちにピッタリの言葉に出会ったとき、集まってくる。これも「みんな一緒」の力です。

この考え方をビジネスに応用するなら、こんなマーケティングが可能になります。

新しい天然の炭酸水を売り込むとして、まず行うのは天然炭酸水を選んで飲んでいる人たちについて調べることです。

彼らがどんな好みを持ち、どういう集団なのか。そこに新発売の天然炭酸水を売り込みたい層との共通点はあるのか。

美魔女と結びつけるなら、炭酸成分が血行を良くして、肌を健康に保つという点をアピールしながら、一方でセレブが愛飲するのは同じ炭酸水でも天然炭酸水だという情報も加えていく。

**「いつまでも肌がきれいなセレブたち。その秘密は『水』にありました」**

こんなコピーを打ち出せば、ねらった層にぐさりと刺さるはずです。

このように、普段のやりとりで相手が所属したいと思っているカテゴリーがわかっている場合は、より有効です。

たとえばアップル製品が大好きで、スティーブ・ジョブズを尊敬している人が相手なら、ジョブズの名フレーズを、送るメールの中に忍ばせてみる、というのも効果的でしょう。

悩みを表す「ＨＡＲＭ」でも世代が重要でしたが、「みんな一緒」では、誰と一緒になりたいかという「**憧れ**」や、誰と一緒になっているかという「**共通点**」を観察することがポイントになってきます。

## 「自分だけ乗り遅れるかも」という恐怖が、人を駆り立てる

続いて、「**あなた、まだスマホじゃないんですか？**」という広告で考えてみましょう。

こちらに問いかけてくる広告のモデルが剛力彩芽さんで、「**えっ、先輩、まだスマホじゃないんですか**」というキャッチコピーだったら、これはスマホ（スマートフォン）への変更を前向きに考えている若い人たちに響くメッセージになります。

一方、50代と60代は、「先輩」という呼びかけが示す「みんな」が、自分だとは思わないので広告そのものをスルーしてしまうはず。

仮に気に留めたとしても、「スマホは若い人のもの」という思いを強くするくらいでしょう。

ところが、スマホを片手にした笑顔の大竹しのぶさんをモデルとして、「**若い時に見た、あれが現実になりました。一緒に始めてみませんか？**」と書かれていたら、

「スマホに興味はあるけど、なんだかわからん」といった中高年層は興味津々。じつはスマホが欲しかった自分に気づいて、購買につながるかもしれません。

なぜなら、人は自分だけが集団から遅れることをすごく恐れるので、自分に「近い人」の意見により強い影響を受けるからです。

同じ手法で言うと、「**○○%の人が○○しています**」という書き方も、「みんな一緒」のキーフレーズとしてよく使われています。

ぜひ、あなたもここで「みんな一緒」を使って1本、コピーを考えてみてください。お題は不動産広告にしましょう。

持ち時間は3分です。では、どうぞ。

## 高確率で不動産を買う気にさせる方法

まずはいまひとつな例から。

「30代、そろそろマイホームを買いませんか?」

私が書くなら、こんな文面にします。

**「ご存じですか？　今、30代の人たち40%がすでに家を購入しています」**

40%は実際の統計データを当たっての数字です。

同世代の4割が買っているという事実は、一度でも住宅購入を考えたことのある人なら、「まずい……、俺も私も」と思わせる数字ではないでしょうか。

つまり、家を買いたいと考えているカテゴリーの人にとって、すでに4割もの同世代が実行に移している事実は、強いトリガー(引き金)となるのです。

もし、これではちょっと弱いと感じるなら、「将来、持ち家を買いたいと思っている人」という統計データもあります。

こちらを使うと、こんな文面になります。

**「ご存じですか？　30代の人たちの75%が、家を買おうと考えています」**

同世代の約8割が……となると、目にした側のインパクトもかなり大きくなりますよね。

これまで家を買うことにリアリティを持っていなかった人も、「後れをとってはいけない」と住宅情報サイトなどを眺め始めるかもしれません。

「みんな一緒」を使った書き方のポイントは、世代やカテゴリーなどを観察し、先回りして刺さるフレーズを提示することにあります。

例えば、同年代の子どもがいる取引先の人に、子どもの近況を伝え合う。

ラーメン好きという共通点が見つかった同僚とおいしい店の情報をやりとりする。

出身地にまつわる「あるあるネタ」や相手のよく行くという場所についてのうんちくなどを盛り込んでみるのもいいでしょう。

例えば、香川出身だとわかった人に「お昼休みにうどんを何店か食べ歩くという話を聞いたんですけど、本当ですか?」と聞くと、「本当ですよ。よく知っていますね」と盛り上がる。

このように「**特定の集団が持つ特殊な習慣**」に触れていくというのはすごくいいやり方です。

こうした場合、「みんな一緒」はお互いの距離感をぐっと縮めてくれるトリガーとして働きます。

POINT

**読み手が所属したいカテゴリー(憧れ)、すでに所属しているカテゴリー(共通点)につなげてメッセージを訴求しよう。**

## トリガー 6 ▼ 認められたい

人から褒められる、認められる、評価されるのは、うれしいものですよね。身近なところではFacebookの「**いいね!**」やTwitterの「**リツイート**」。報酬がもらえるわけでもないのに、「いいね!」が増えると、私自身もとてもワクワクします。

これは私たちの心の中にある「**承認欲求**」が満たされるからなんです。

トリガー2の「ホンネとタテマエ」でも触れましたが、「人から認められたい」という欲求はこの世に生まれたときからずっと消えることなく、付き合っていかなければならない強い感情です。

親に、友だちに、恋人に、先輩や後輩に、人生のパートナーに、会社の同僚や上司、部下に、取引先の人に、SNSでつながっている多くの人に、なんなら今日初めて会った目の前の人にも。

その欲求の強さに個人差はあれ、誰もが「人から認められたい」と思ってしまいます。

**この強い気持ちを使ったトリガーが、「認められたい」**です。

書き方のポイントは、文章の中に「相手を認める言い回し」を入れること。

「私はあなたのこんなところがすごいと思っています」と伝えるだけで、相手の心をぐっとつかむことができます。

## 正直、上司を思うままに操るには、この方法が一番

例えば、あなた(課長)が会社の後輩を飲みに連れて行ったとしましょう。

翌朝、その若手からお礼のメールが届きました。

どちらの文面にあなたはグッときますか?

×

「課長、昨日は楽しい時間をありがとうございました。またよろしくお願いします！」

○

「課長、昨日はお時間いただき、ありがとうございました。**自分はあんなに敷居の高いバーに行ったの、じつは初めてでした。**またよろしくお願いします！」

こちらのお礼の文面はいかがでしょう？

×

「課長、昨日は楽しい時間をありがとうございました。またよろしくお願いします！」

○

「課長、昨日はお時間いただき、ありがとうございました。○○課長の銀行員時代のご経験に基づいたアドバイスがいただけて、**仕事に対するとらえ方が変わりました。**また、いろいろ教えてください！」

どちらも悪い気はしませんが、グッとくるのは後者（赤色）ですよね。

なぜなら、ここに「認められたい」欲を刺激するキラーフレーズ、「**こんなの初めて！**」「（**あなたのおかげで**）**変わりました！**」が入っているからです。

若手の「初めてでした」には、「**あんな敷居の高いバーを知っているなんて、すごいですね**」「**いつもああいう店で飲んでいる課長はかっこいい**」「**憧れます**」など、いくつもの「あなたのことを認めます」要素が込められています。

同じく「変わりました」には、「**課長の考えの深さに驚いた**」「**経験値からくるアドバイスが役立った**」「**頼りになります**」「**影響を受けました**」など、いくつもの「あなたのことを認めます」という要素が込められているのです。

「**〇〇できる人、初めて見ました！**」

「**アドバイスのおかげで、悩みへの向き合い方が変わりました**」

「**あんな大人の空間は初めてでした**」

「**昨日のお店がきっかけで、お寿司に求めるものが変わっちゃいました。もうフツーの鮨屋には行けません！**」

「**こんなに親身になって相談に乗ってくれる人は、初めてです**」

「こんなの初めて！」や「変わりました」は強烈なパンチとなって、相手の「認められたい」を満たしていきます。

初デートのあと、相手から

「**こんなに楽しい時間を過ごせたの、初めてでした。また遊びに行きましょう**」

「**お散歩デートがこんなに楽しいなんて、街歩きで見えてくる風景が変わりました**」

なんてメールが届いたら、次はどこへ連れて行ってあげようか。すぐに調べ出してしまいますよね。

また、このトリガーはビジネスシーンでも役立ちます。

取引先の偉い人とゴルフに行き、何かアドバイスをもらったら「**そんなポイントが**

**あるのを教えてくださったのは、〇〇さんが初めてです。スイングが変わりました」**、

飲み会で会社のOBから高度成長期の逸話を聞かされたら「**初めて聞きました！**」「**創業期を支えたのが、〇〇部門だったなんて、会社の見方が変わりました**」。

逆に若手から最近の流行を教えてもらったら、「**それは初耳だよ。また教えてくれ**」「**若いヤツの考え方、見直したよ**」など、相手の年齢がいくつでも「初めて」や「変わりました」は、「認められたい」という欲求に刺さります。

まさに不変のキラーフレーズなのです。

POINT

「初めてです」「変わりました」を文章に盛り込み、承認欲求をくすぐろう。すると、喜んで動いてくれる。

# トリガー7 あなただけの

あなたは、誕生日が好きですか？

レストランでのちょっとしたサプライズ。お店の照明が暗くなり、店員がロウソク付きのケーキを持って歩いてきます。

店内は「ハッピーバースデー」の合唱になって、あなたがロウソクの火を吹き消すと、拍手と「おめでとう」の嵐。

照明が戻って、一段落してからケーキを見ると、そこには「○○さん、お誕生日おめでとう！」と、チョコレートでメッセージが添えられています。

これが、7つ目のトリガー「あなただけの」です。

「○○**さんだから**打ち明けるんですが……」
「この情報は、**誰にも言わないでください**」
「**読んでいただいている人たちだけの**チャンスです」

「あなただけに……」。人はこの設定に弱く、心がぐいぐい動かされてしまいます。

こうした「あなただけにご用意しました」というフレーズに加え、そこに**希少性**（**数が少ない、珍しい**）が加わると、これはもう最強です。

例えば、「○○**さんだけに、先に伝えておくね**（**特別感**）」と書き出しつつ、終わりに「**まだ部長にも報告していないから内密に**（**希少性**）」とあったら、内容はどうあれ、そのメールはものすごく貴重なものに感じられるはずです。

これは「あなただけ」にプラスして、情報が「限定」されているからです。

## 人は、数量限定よりも情報の限定に弱い

限定が価値に影響を与えることは、さまざまな心理学者が実験で実証しています。

一例をあげれば、社会心理学者のステファン・ウォーチェルのクッキーの実験。

AとB、2つの瓶を用意し、Aにはクッキーを10枚、Bにはクッキーを2枚入れます。つまり、数を操作することで、希少性をつくっているのですね。

すると、クッキーそのものはまったく同じものにもかかわらず、AとBの両方を食べた被験者に「また食べるとしたら、どちらのクッキーを選びますか？」と聞くと、必ずBが選ばれるという結果が出ています。

つまり、人間は、あったはずのものや持っていたはずのものがなくなりそうになると、心が煽られるのです

この理論に裏付けされている実践例は、「**限定販売**」や「**在庫僅少**」、「**本日限り**」

などの限定セールをはじめ、どんなにヒットしても大量生産しないことで価値を高めているブランド商品など、いくつもあります。

それを文章に落とし込む場合は、先ほどの「まだ部長にも報告していないから内密に」のように、情報そのものを限定していると伝えるのがうまい書き方です。

例えば、部下がきついノルマにへこたれそうになっているときに、

「**ここだけの話、**今回のキャンペーンでノルマを達成した営業マンには、上から特別な報酬が検討されているらしいぞ。**これ、まだおまえにしか言ってないから。**もうひと踏ん張りだ、がんばれ」

とメッセージを送れば、モチベーションも変わってくるはずです。

あるいは、セールスメールのタイトルにこんな文字が躍っていたら、ついクリックしてしまいますよね。

「プレセールのお知らせ。バーゲン開始72時間前から半額です。**ただこの情報は、当店での購入回数が5回以上の特別なお客様にのみお知らせしております。一般のお客様には公開されておりませんので、ご内密に**」

ただ「あなただけへのお買い得」ではなく、情報そのものが「あなただけ」。この二重の限定ぶりが、圧倒的な力で読み手の心を動かすのです。

**POINT**

あったものが規制・制限されると、欲しくなる。
持っていたものがなくなると、欲しくなる。

# 無意識から「いい言葉」を掘り起こすキッチンタイマーの使い方

文章を書いていて、言葉の選び方、表現方法に困ることがありますよね？

伝えたい内容、相手にしてもらいたい行動はわかったのだけれど、どんな言葉で言い表せばいいのかわからない——。「ボキャ貧」なんて言い方もありますが、ボキャブラリーが少ないことで悩んでいる人も多いのではないでしょうか。

私自身、うまい表現が出てこなくて、ペンが止まってしまうことも少なくありません。しかし、そこで手を動かすのをやめてしまったら、何も始まりませんよね。

そんなとき私が実践しているのは、とにかく関連する言葉、言い回し、言い換え方などを思いつくままに書き記していくことです。

これは「**ブレインダンプ**」と呼ばれる手法で、プロのコピーライターも使っている言葉の発掘法です。しかも、これをやってみると自分のボキャブラリーが少なかったのではなく、言葉を出すための粘りが足りなかったのだということも見えてきます。

「ブレインダンプ」とは、ブレイン（脳）の中の情報をダンプ（表示）すること。イメージとしては、ダンプカーが運んできた土や砂利をまとめてザーッと出すように、脳の中に入っている情報をすべて出し尽くす作業です。

やり方は簡単です。

ペンと大きめのノートを用意したら、あとはテーマを設定し、関連する単語を思いつくままに書き出していくだけ。**記すべき言葉はすべてあなたの脳の中に収まっています**から、参考図書や資料は一切、必要ありません。

例えば、「iPhone6のすばらしさを伝える」というテーマを設定したとしましょう。悩まず、考えこまず、思いつくまま「すばらしいと思う点」を書き出します。客観性は必要ありません。あなたが思ういいところを、あなたの言葉で書き出しましょう。

「デザインが優れている」「カメラの機能がよくなった」「指紋認証が便利」「画面が

ますますきれい」「バッテリーの持ちがよくなった」「厚みが最薄」「出たばかりだから自慢できる」「出先で映像コンテンツを楽しむのにちょうどいい」などなど。

いったんすべて書き切ったと思ったら、今度は言い換えや言い回しを変えてみます。

「アルミニウムとガラスを使ったシームレスなデザインがかっこいい」「ゲームもさくさく動くチップが入った」「新しいカメラはスローモーションも撮れるらしい」などなど。

これがラブレターを書くために「好きな人の好きなところ」を書き出すというテーマとなれば、当然、言葉も変わってきます。

「顔が好き」「笑顔が弾けてる」「賢い」「何を聞いても答えてくれる」「相談に乗ってくれる」「ビールの飲みっぷりが心地いい」「仕事に燃えてる」「スタイルが絶妙」「明るい」「思慮深い」「ご飯を残さず食べる」「気配りが利く」「笑わせてくれる」「趣味が合う」「価値観が近い」「お金を持ってる」「クルマを持ってる」「背が高い」「手がきれい」「相性が合う」「とにかく好き」などなど。

いずれにしろ、ブレイン（脳）の中に入っている言葉を書いて、書いて、書いて、全部ダンプ（表示）します。

ノートの余白は言葉の羅列によって塗りつぶされ、あなたは意外なほど豊富だった自分のボキャブラリーに驚くことでしょう。

## タイマーで制限時間を設けて、ひたすら数を出す

私は自著のタイトルを考えるときには、必ずブレインダンプを行っています。Ⅰ日中ずっと書いていることもあるくらいです。

その結果、自分の枠を超える単語を引っ張り出す方法も発見しました。

それは**考えないで書くこと**です。

そのために5秒間に1回鳴るようにタイマーをセット。5秒に1個、5秒に1個と追い込んでいくことで、自分の中にこんな言葉があったんだ！　と驚くようなフレーズが出てきます。

とはいえ、5秒はなかなかハードなので、最初は15秒くらいから始めてみるのをオススメします。道具としては、キッチンタイマーなどで充分です。

そして、これをもう一歩進めた手法が、**ペンを止めない**という荒技です。とにかく止めない。間髪入れずに書き続ける。最後は「体」「水」「火」など、関連のよくわからない単語しか出てこなくなりますが、それでも止めないことです。

私の場合、これを万年筆のインクが切れるまで続けます。するると、無意識下にある言葉までノートの上に書き出すことができ、自分でもびっくりするような展開になることも。あとは、言葉が羅列されたノートを眺めながら、目的に沿った文章をつくっていくだけです。

ブレインダンプしたノートをネタ帳にすれば、iPhoneをオススメするブログも、好きな人に送るラブレターも言い回しや伝え方に悩むことはなくなります。

なぜなら、自分で書き出した言葉を眺めるうちに、書くべき道筋が見えてくるからです。

# 人を動かす 7つのトリガー

## トリガー 1 ／興味

人は、退屈を嫌い、夢中になれることには時間を忘れる。興味に触れれば、勝手に行動してくれる。

## トリガー 2 ／ホンネとタテマエ

人は、本音と建前を行き来しながら生きている。その狭間に、突き動かされるエネルギーが詰まっている。

## トリガー 3 ／悩み

人は、悩みやコンプレックスを解消したいと思っている。悩みが解決できるとわかれば、必ず行動する。

## トリガー 4 ／ソン・トク

人は、「得したい」思いより「損したくない」という思いのほうが強い。「損しませんよ」と安心させれば、行動させやすくなる。

## トリガー 5 ／みんな一緒

人は、自分の所属しているカテゴリーから外れることを回避したがる。また、自分と共通点を持つ人に、強く影響される。

## トリガー 6 ／認められたい

人は、認めてもらわなければ生きていけない。プライドをくすぐれば、前のめりで読んでくれる。

## トリガー 7 ／あなただけの

人は、持っているものがなくなりそうになると激しく渇望する。また、自分だけ特別扱いされたがっている。

第4章

# あとは、
# 5つのテクニックに
# 従って書くだけ

# そのまま使うだけで自在に操れるようになる

本章では、実際に文章を書くにあたり、そのまま使える5つのテクニックをお伝えしますね。言わば、相手の心を揺さぶる文章のテンプレートです。

あなたが以前、書いたメールや企画書があれば、ぜひ、お手元に出して5つのテクニックに該当する技が駆使されているかどうか、チェックしてみてください。

本章で解説するカンタンなテクニックは、短いものから長いものまで、あらゆる文章に応用可能です。

しかも解説するテクニックは、たったの「5つ」。もちろんすべてを使用する必要はありません。取り入れやすいもの「1つ」でもかまいません。

これをそのまま使うだけで、読み手の心を動かせるようになりますよ。

それではさっそく、1つ目のテクニックから。

## この5つのテクニックで思うままに誘導できる

テクニック1
書き出しは
ポジティブに

テクニック2
なんども
繰り返す

テクニック3
話しかける
ように書く

テクニック4
上げて、下げて
また上げる

テクニック5
追伸をつける

テクニック

# 1 ▼ 書き出しはポジティブに

「書き出しはポジティブに」。ここで言う書き出しとは、いわゆる「ツカミ」です。

登壇した途端、にこりともせず来場者を見渡し、「私は強面(こわもて)と言われていますが、笑顔はどうでしょう」とにっこり笑ってみせる辣腕と評判の経営者のユーモア。

「先ほどから気温が3度は上がっています！」と会場の雰囲気の良さを持ち上げる熱血タイプのコンサルタントなど、スピーチのうまい人は冒頭のワンフレーズ、ツーフレーズで会場の空気を味方につけてしまいます。

じつは文章でも同じことが起きるのです。

「書き出しはポジティブに」で明るい調子で書き始めると、それだけで相手の心をつかみ、その先を読みたいと思わせることができます。

奇抜な言葉や意外性のあるフレーズを使う必要はありません。定型通りの言い回しを、ちょっとだけ明るいニュアンスにするだけでいいのです。

そう、例えば、こんなふうに……。

×「お疲れさまです。先日の会議の件ですが……」

○**「おはようございます！　先日の会議の件ですが……」**

×「先日はお世話になりました。大変おいしい料理で……」

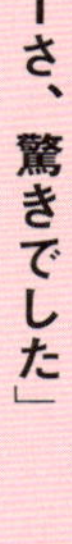

○**「先日のお食事では初めての体験をありがとうございました。シャトーブリアンを使ったハンバーグなんて生まれて初めて見ました。口の中でとろけるジューシーさ、驚きでした」**

というように、「お疲れさまです」で始まるメールよりも、「おはようございます！」で始まるメールに。「先日はお世話になりました」と書き出すお礼状よりも、「先日のお食事では初めての体験をありがとうございました」と始まるお礼状に。

冒頭がポジティブに始まると、文章の第一印象が変わります。

いかがでしょうか？　あなたが普段書いているメール、「お疲れさまです」で始まっていませんか？

## 書き出しを少し変えるだけで、第一印象は操作できる

冒頭を変えるだけで、本当に効果あるの？　そう思われるかもしれませんが、例えば、こんな情景を想像してみてください。

初対面の人との待ち合わせ。笑顔で握手を求めながら挨拶をする人と、腕を組みながら無表情で挨拶をする人。どちらに好印象を持ちますか？

答えは言わずもがなですよね。

「笑顔＝明るそう、とっつきやすそう」、「無表情＝機嫌悪い？　怖そう」など、瞬間

的に感じた第一印象は、その後の付き合いにもずっと影響を与えていきます。出会い頭は考えている以上に大きなインパクトを残しているのです。

なぜなら、これは「**初頭効果**」と呼ばれる心の動きが生じるから。

初対面の印象は7秒で決まり、半年間持続すると言われています。

文章の書き出しも同じです。**いわば書き出しは、文章の初対面**ですね。

「『おはようございます！』か。〇〇のメールは、なんか勢いがあるな」

「『初めての体験だった』のか。それは呼んだかいがあったな」

ちょっといい、ちょっとうれしい、ちょっと気になる。

たったそれだけで、ツカミはオーケーです。最初に相手の関心を掘り起こすことに成功すれば、その後に続くであろう、仕事の報告も、お礼の言葉も、企画の内容も、ちょっといいものに感じられるようになるのです。

書き出し、ツカミはポジティブに。これはビジネスからプライベートまで、あらゆる文章に共通して使うことのできるテクニックです。

## 書き出しに迷ったら、体験したことをポジティブに書けばいい

では、実際にこのテクニック「書き出しはポジティブに」をどのように使っていけばいいのか。日常的なメールのやりとりを題材に紹介しましょう。

プライベートな時間をともに過ごすようになった会社の先輩や取引先のキーマン、あるいは趣味のつながりで出会った人などへのメールの場合、**冒頭にポジティブだった体験を盛り込んでいくと、相手の心に刺さる文章になります。**

キーとなる言葉は、「初めてです」「変わりました」「もっとお話がしたかったです」。そのほか、「うれしい」「驚きでした」「涙が出そうでした」などのポジティブな感情を表す言葉を、具体的に書き記すのです。

書き出しの一文は定型の「先日はありがとうございました」でかまいません。「ありがとうございました」は、十分にポジティブですからね。ただし、その次の文章には必ず、あなたが体験した中で最も楽しかったことを盛り込みましょう。

ポイントは、あなたの感情の動きをしっかりと言葉にすることです。

「先日は海に連れて行ってくれ、ジェットスキーにまで乗せて頂きありがとうございました。

じつは**生まれて初めて**ジェットスキーに乗ったんです。

あんなに海が広いと感じたことは今までなかったので、**人生観が変わりました。もっとお話ししたかったのですが**、あまりに楽しくてあっという間に1日が終わってしまいました」

ちなみに、「ジェットスキー」や「あんなに海が広い」の部分を一緒に行った先、過ごした場所に応じて変えるだけで、この文章はさまざまなシチュエーションに応用することができるのです。

また、「**生まれて初めて**」は第3章で紹介した6つ目の引き金「認められたい」で解説したキラーフレーズを使っています。

初頭効果でこちらの文章に好感を抱いてくれた相手には、ちょっと大げさなくらいポジティブなほうが効果的。「初めて」「変わりました」という言葉はベタですが、ストレートに「**あなたが私に強い影響を与えた**」と伝えてくれます。

これは相手の承認欲求を深く満たすことになり、「また、誘ってみようかな」という次の行動を促すきっかけとなります。

逆に、感情の動きもなく、ただただ「先日はありがとうございました」で終わってしまっては、その文章は相手の心に働きかけず、読み飛ばされてしまいますよ。

気持ちを入れて読むか！　と思わせるには、最初の2、3行が勝負です。

書き出し、ツカミはポジティブに。**感情と共通の体験を込めて、相手の心をわしづかみ**。ぼんやり「先日はお世話になりました」なんて書いている人は、今日から悔い改めてくださいね。

POINT

**人は、第一印象の影響から離れられない。**
**文章の書き出しは、好印象に見せるため、**
**感情や共通の体験をポジティブかつ詳しく書く。**

## テクニック2▼なんども繰り返す

2つ目の文章テクニックは「なんども繰り返す」です。

文字通り、**同じ「意味」と「感情」を、文章の中で言葉を変えて繰り返していきます。**

「意味」と「感情」を繰り返すことによって何が起きるかと言うと、文章の説得力が大いに上がるのです。

なぜ、説得力が上がるのか？

そのタネはあとで明かしますから、まずは、この「繰り返す」を有効に使ったビジネスメールを一例として紹介しましょう。

これはある投資セミナーへの招待文です。

○○様　1月19日（月）のご予定はいかがですか？

気温の変化も大きい季節の変わり目ですが、体調お変わりございませんか？

そういえば前回、お会いした際、お子さんが小学校に入学されたと伺いました。足が速いとお聞きしましたから、初めての運動会は、リレーや徒競走で活躍されたのではありませんか？

さて、本日は**投資説明会**のご案内でご連絡いたしました。

一般に大学を卒業させるまでに1000万円、私学だと2000万円の教育費がかかると言われています。

いまはお子さんの教育費など、将来に向けての**資金の準備**が、何かと必要になる時期だと思います。

私どもでは**学資保険**はもちろん、より有利な運用が見込める**安定した投資商品**も多数取り揃えております。いろいろなご家庭で使われているものもご用意しています。

**長期での投資**を検討する場として、ご活用ください。
お子様の将来のために**投資**を始めるなら、いまがベストなタイミングです。
PS：当日、会場で○○さんだけにお伝えしたい耳寄りな情報もございます。会場に到着されましたら、私の携帯にご連絡をいただければ幸いです。また、お会いできるのを楽しみにしております。運動会のお話、聞かせて下さい」

ここでは、「投資説明会」に関連する言葉が、なんども繰り返されています。将来に向けた資金づくりを進める内容で、読み手の家庭環境を絡めた言い換えによって、興味をくすぐる構成になっているのが伝わるのではないでしょうか。

## 勝率82%!?　繰り返しで説得力が増していく

「こんなに同じような意味の言葉を繰り返すと、くどいのでは」と思いますか？　でも、その効能は社会心理学者ウィルソン氏の実験によって立証されています。

これは、ある民事裁判における陪審員に対して行われた実験で、「被告が無罪である」という証明の説得力を調べたものです。

一度も「繰り返す」を使わないときの証明の説得力を基準にすると、3回の繰り返しによって46%、10回の繰り返しによって82%も説得力が向上するのです。

ただし、別の実験では「繰り返す」において、**やってはいけない致命的な失敗があることも明らかになりました**。

それは同じ言葉を3回以上使うことです。

同じ「意味」と「感情」を繰り返し伝えることで説得力が向上する一方、同じ「言葉」を繰り返してしまうと、途端に相手は飽きてしまうのです。

これは夫婦間や上司と部下、あるいは教師と生徒でのやりとりを思い浮かべれば、納得のいく人も多いはず。

「これこれをこの手順でやって欲しい」と言われ、「はい」と答えたあと、同じことを繰り返し言われたら、言われたほうはイライラしますよね。

まったく同じ心の動きが、文章でも起きるというわけです。

文章の中で「評論文」に分類されるものが、難解で読みにくく感じるのは、「繰り返す」の原則から外れているからです。

評論文は形式上、どうしても論の前提を説明し、過去の事例を紹介して、ようやく本題に入るという展開になっています。

その過程で、どうしても同じ表現が重複してしまう。それも難解な専門用語が3回、4回と繰り返されるので、一般の読者はそこで飽きてしまうのです。

そこに書かれている内容がどんなに画期的な理論であっても、読まれなければ広まりませんよね。

**大事なのは表現を変えて10回繰り返すこと**。言い換えや類語によって10回繰り返せるだけのバリエーションを持つことが大切です。

そうやって表現すれば、読み手の関心を引きながら説得力を高めていくことができるのです。

## 目上の人の心をガッチリつかみ、人脈を広げる文章の秘密

「繰り返す」ときに大切な言葉の言い換え。これをスムーズに行うための鍵は、読み手の感情を想像することです。

例えば、相手にまた誘ってもらいたいとしたら、「**自分だったらどんな人とまた会いたいと思うか**」を想像しましょう。

一例として、最近の私の趣味であるゴルフを題材に、「またゴルフに誘って欲しい」という感情を込めたお礼のメールを書いてみましょう。

冒頭に書くべきは「書き出しはポジティブに」で、月並みでも「**すごく楽しかった**」です。こう言われたら、誘ったほうはうれしいですよね。

そして、ゴルフはだいたい４人で回りますから、友だちを紹介してもらうことが多々あります。ですから、「**いい出会いがありました**」と、再びポジティブな感謝を

伝えます。

そして、プレー中に適切なアドバイスをしてもらった場面があれば、「**通っているゴルフスクールのコーチよりわかりやすかった**」と表現してしまう。

じつはこの3つは、すべて目的は同じなんです。

また誘ってくれるよう、相手がうれしくなる言葉を綴(つづ)っているだけ。そう考えると、言い換えはさほど難しくありませんよね？

2人の間で交わされたやりとりをポジティブに解釈し、箇条書きにして書き出してみる。あとは、それを文章の中に盛り込んでいくだけでいいのです。

ところが、もう1回誘って欲しいという自分の都合だけで文章を書くと、ついつい「楽しかったです。またお誘いしていただけるのを楽しみにしています」くらいで終ってしまいますよね。

本人としては「誘ってと言い切った！」という達成感があるかもしれません。でも、受け取った側はどうでしょう？

「型通りの文章」として読み飛ばされるのではないでしょうか。これでは、心に刺さりません。

大切なのは、あなたの「誘ってもらいたい」という「感情」を繰り返すことです。

## 5W1Hでカンタンに書ける！人たらしの文章術

**「今でもあの時を思い出すと、すごく楽しかった」**
**「これからの働き方を考えさせられる、いい出会いがありました」**
**「通っているゴルフスクールのコーチよりアプローチのコツがわかりやすかった」**

と、ここにはひと言も「また誘ってください」という言葉は入っていません。それでもこちらの感情がきちんと伝わるので、「ずいぶん楽しんでくれたんだな。次の機会にはまた誘ってみよう」と思ってくれます。

この辺り、遠慮の文化がある日本では、「どうでした？」と感想を聞かれると、「楽しかったです」「うれしかったです」と当たり障りのない返答をしてしまいがちですよね。

でも、本当にまた誘ってもらいたければ、あなたの感情を具体的な言葉に変えることが大切です。

**どう楽しかったのか、何がうれしかったのか。**こちらが感情を露わにすることで、相手の心も動くのです。

もし、「繰り返す」ための「意味」と「感情」の言葉がうまくつくり出せないのなら、「**5W1H**」に当てはめればだいたいうまくいきます。


Who、「誰」が、もしくは「誰の行動」が、うれしかったのか。

What、「何が」うれしかったのか。

When、「いつ」うれしかったのか。

Where、「どこが」うれしかったのか。

Why、「なぜ」うれしかったのか。

How、「どのように」うれしかったのか。

ちなみに、Ｗｈｅｎの「いつ」には「あの時」「こんな時だから」という意味も含まれます。

例えば、「自分が会場の雰囲気に馴染めていない時に」「自分が元気のない時に」などです。５Ｗ１Ｈのそれぞれについて、同じように奥行きを広げていくと「意味」と「感情」の言葉はぐんぐん広がっていきます。

POINT

あなたが伝えたい「感情」を表現する言葉を選ぼう。そのメッセージを繰り返すほど、説得力は増していく。

# 文章の決定力を高める伝え方のトレーニング

心を動かす文章を書く上で大切なのは、読み手に合わせて言葉を変えることです。語彙の豊富さとは別に、読み手の年令や性別を念頭に置きながら、まったく同じ内容ながら言い回しを変えていく。

これは才能やセンスでできるものではなく、トレーニングと実践の繰り返しで身につく能力です。

そこで、オススメしたいのが、「3世代」を想定した書き変えるトレーニング。

例えば、こんな設定でメールを書いてみましょう。読み手を「親」「友人」「恋人」などに置き換えてもいいでしょう。

**Q1.** 職場の50代の上司、30代の同期、20代の若手に対して、感謝を伝えるメールを送る場合。それぞれその世代には、どんな言葉が刺さるでしょうか。

**Q2.** 商品のモニターをしてくれる、20代の大学生（女性）、30代の働く女性、40代の主婦。それぞれに商品の特徴を伝えるリリースを書きましょう。

**Q3.** 投資商品の紹介メールを、20代共働き家庭向け（子どもなし）、40代子持ち家庭向け、60代定年後の家庭向けに書きましょう。

いかがでしょうか？　うまく書けましたか。

今一つという方は、書き分けの一例を紹介しますので、以下を読んでから、もう一度、チャレンジしてみてください。

## 「3世代」を想定して書き分けた文例

例えば、「**勉強をすることのすばらしさ**」を相手に伝えるとき、年上、同世代、年下に対してどういう書き方ならば心をつかむことができるのでしょうか？

実際、私は専門書を読み、知識を増やしていくのが大好きです。

たぶん、かなりの勉強好きの部類に入るでしょう。これを年上の人に伝える場合、こんな書き方になります。

「僕には年上の方に比べて、経験が足りません。人生経験はどんなにがんばっても埋まらないものです。人は経過した時間の分だけ、体験や知識を積み重ねていくので、先輩方の持っている経験には絶対に敵いません。

日頃からその人生経験をわずかでもシェアさせてほしい、学びたいと思っているので、年上の方々とのお付き合いを大切にしています。

しかし、いただくばかりでは申し訳ないので、少しでもお返しできるように専門知識に関する勉強を続けているのです。

なぜなら、専門知識は一生懸命勉強することで、若い間でもかなりの量を蓄えることができます。いただいた知恵の分だけ、少ないながらお返しできるよう僕は勉強を続けます」

**勉強＝経験と交換するための修練。**

こういう伝え方をすると、年上の方は納得してくださいます。知識よりも経験が大事だと理解していること。経験を分けてもらうために専門知識を学んでいること。こういった要素が先輩方のプライドも満たしているのでしょう。

では、年下に対してはどういう伝え方になるのか？　盛り込むべきは希望や夢、将来への展望です。例えば、伝える相手が高校生だったら、こうなります。

「勉強と聞くと、学校の授業を思い出してうんざりするかもしれません。僕としては、学校の勉強が嫌いなら、しなくてもいいと思います。大人は『大学くらい出ていないと、いい仕事に就けない』と言うでしょう。でも、実際に社会で働き始めると、そうでもないことがわかります。

もちろん、学校の勉強をがんばっていい大学に行き、それなりの会社に入れば、生活に困ることはありません。しかし、生活するお金のために、好きでもなんでもない仕事を何年も続けるのは苦しくてつらいものです。

あなたはまだ若いから、たくさんの時間を持っています。学校の勉強が嫌いならしなくてもいい。その代わり、1日十何時間も熱中できるような、自分の好きなことを見つけてください。そして、それが見つかったら徹底的に取り組むこと。1つのことに夢中になると、必ず新しい成果が見えてきます。
時間をかけ、1つの道を追求すること。それは立派な勉強です。すぐに仕事には直結しないかもしれません。それでも続けていくうち、周りからライバルが減り、あなただけが残ることもあるでしょう。そうなったら、その好きなことは生活に足るお金を稼げる仕事になっているはずです」

**勉強＝夢。**この視点は若い人たちの心に刺さります。

最後に同世代です。

「僕は社会に出てからも勉強を続けることで、人生を大きく変えることができた。パフォーマーとして主にテレビに出演する形で世に出たけれど、『このままでは何年も続かない』と思い、ビジネスの勉強をし、心理学と組み合わせることで企

業向けのコンサルティングという仕事に結びついた。
もし、現状に不安や違和感があるのなら、始めてみたらいいと思う。勉強で人生は変わる。僕は2年で変化が表れたよ」

**勉強=人生を変える扉。**大げさすぎるかもしれませんが、同世代に対しては資格試験の勉強や副業の研究も含め、今を変えていくためのきっかけになるという点を強調します。

このように「勉強をすることのすばらしさ」を表現する方法は、読み手の世代に応じて、大きく変わっていきます。違いを生むのは、それぞれの世代にとって刺さるポイントはどこかの見極めです。

観察し、研究し、言葉を変えていく。これが伝え方のトレーニングとなるのです。

では、改めて冒頭の問題にチャレンジしてみてください。

## テクニック 3 ▼ 話しかけるように書く

メンタリズム文章術の原則2を覚えていますか?

「**きれいに書かない**」です。相手の感情を揺さぶる文章を書け!　とススメましたね。

きれいな文章を書こうとすると、こちらの感情が乏しくなるだけでなく、1行目から美文、冒頭から間違いのない文章にしようという不要なこだわりが生まれてしまいます。

すると、1行目が決まらないから書き出しても進みません。

そのうち、書き出すのが苦しくなって、文章を書くのが苦手になるのです。

それでも業務上やりとりが必要ですから、テンプレートに頼るようになる。その結果、文章で感情を表すことが下手になり、いつまで経っても相手の心を動かすことができなくなります。

この悪循環から脱するトレーニングにもなるのが、この3つ目のテクニック「**話しかけるように書く**」です。

じつは私たちが普段、何気なく交わしている会話は、それが職場でのものでも、居酒屋でのものでも、家庭でのものでも、非常に高度なやりとりとなっています。どういう意味かと言うと、会話には表情や身振り手振り、口調など、言葉以外の多くの情報があるからです。

例えば、夕方の職場での先輩と後輩のこんな会話があったとしましょう。

「帰り支度しているところ、ごめん。この書類の処理、頼めない？　どうしても手が回らなくてさ」

「でも、先輩この間、『この件は任せろ』って言ってましたよね。それを今、この時間になって、ちょっと頼めないか？　はきついですよ。今夜、予定ありますから」

「そこをなんとか！　おまえのエクセルスキルなら1時間くらいで終わる量だから。他のやつじゃ無理なんだよ。絶対に埋め合わせするから、頼むよ！」

「今日で最後ですよ。ホントに」

「助かる！」


もし、これが通常の丁寧なビジネスメールでの依頼と返答のやりとりだとしたら、とてもこの分量では収まりません。

しかし、会話だとリズムよく進んでいきます。それは2人が築いてきた関係性があるからこそのように思えますが、違います。

## 会話を「文章化」するだけで、説得力が上がる

なぜそうなるかと言うと、人は**文章より会話のほうが内容を覚えやすい**からです。自分や相手の表情や動作といった視覚情報がある分、記憶に残りやすいというだけでなく、やりとりの中に「Q&A」があるので、内容がきちんと伝わりやすいのです。

この会話例で言えば、後輩は先輩が「自分でやる」と言っていたのを覚えていて、「急に頼まれたこと」へ難色を示します。当然、先輩も自分の言動は記憶に残っているので、後輩の渋い反応は想像できたはずです。

だからこそ、すぐに後輩の力を褒め、持ち上げて、なおかつ作業量が処理できる時間までイメージして、頼み込んでいきました。

ポイントは、**自分がこう言ったら、相手はこう反応するだろうなと想像すること**。私たちは会話の間中、絶え間なくさまざまなパターンの想像を繰り返しています。

空気を読む日本人らしく、「こう言ったら、こう返ってくるかも……」とシミュレーションをしながら話すので、相手の答えや反応についての印象も強く残るのです。

自分の投げかけた質問に対して、相手がどう答えるかを想像しながら、書く。

**つまり、読み手の疑問や反応を取り込んで書くこと。**

これが「話しかけるように書く」のコツとなります。

ここで、「それは簡単にできますか？」と思った人もいるでしょう。

安心してください。簡単です。

なぜなら、あなたは普段、周りの人と会話を交わしていますよね。相手の反応を想像しながら、日常的に言葉と言葉のキャッチボールを続けているはずです。

でしたら、もう「話しかけるように書く」のに必要な想像力は身につけています。

これからは、相手に話しかけるように書いてみてください。例えば、こんな風に。

相手「人を動かす文章を書くなんて難しそう」
自分「安心して、この方法ならカンタンに書けるから」
相手「そうなの？　どうすればカンタンに書けるの？」
自分「まずは、会話文を作るんだ。自分と相手が普通に会話している文章を。あまり難しく考えないで、普段通りの会話を書けばいいからカンタンだよ」
相手「それで？」
自分「あとは、出来上がった会話文を、ひとつの文章に書き直せばいいだけ」

相手「どうしてそれで、人を動かす文章になるの？」
自分「会話文を書くことで、自然に相手の反応が取り込まれた文章になるんだ。すると、相手の立場に立った文章になるから、人を動かしやすくなるってわけ」
相手「なるほど！　それなら出来そうだね」

という風に一人二役で落語のように書いてみましょう。
これを取り込んで文章にします。

もしかするとあなたは、人を動かす文章を書くなんて難しそう、と思うかもしれません。
しかし、安心してください。この方法を使えば、誰でも簡単に人を動かす文章が書けるようになりますから。
まずは、会話文を書きます。自分と相手が普段通りに会話しているところをそのまま文字に起こしてください。難しく考えないで、会話をそのまま書くだけです。

そして、出来上がった会話文をつなげて、文章にするのです。

このように、会話文を書くことで、自然と相手の反応が文章に取り込まれます。

普段の会話と同じように、相手の立場に立った文章になるので、人を動かしやすくなるのです。


どうですか？

思った以上にシンプルなテクニックだったのではないでしょうか。

このテクニックに磨きをかけるには、日常的なトレーニングが効果的です。

例えば、「相棒」のような人気ドラマの会話シーンを文章に書き起こすなどのトレーニングを行うと、「会話するように書く力」は一気に向上していきますよ。

**POINT**

**文章は会話をするように一人二役で書こう。**
**それをまとめれば、**
**カンタンに心を動かす文章が書ける。**

# テクニック 4 上げて、下げて、また上げる

「上げて、下げて、また上げる」は、文章にメリハリを付けて感動をつくるためのテクニックです。

さっそく説明しましょう。

始めはテクニック1「書き出しはポジティブに」通り、テンションを上げて入りますよね。

ところが、そのままポジティブに書き通すかと思いきや、**途中で一度、谷間をつくるの**です。ネガティブな情報や不安になるような言葉を使うことで、明るい出足だった文章を一転させます。

そして、締めくくりに向けて、そのネガティブな情報や不安になる言葉をひっくり返す内容を書き、再び高い調子で書き終えます。

そのねらいは、ただ文章にメリハリを付けるためではなく、読み手の心を意図的に不安にさせたあと、ぐっと持ち上げること。**ただただ書き始めから上げていくよりも、一度、落とすことで、感情の起伏が大きくなり感動が高まります。**

ジェットコースターのように感情を揺り動かすことで、相手は文章の「結論」により大きなワクワク感を覚えるのです。

例えば、ラブレターでこのテクニックを使うなら、最初にどれくらい本気で好きなのかという話をします。

次に、自分の抱えているマイナス要素、ネガティブな部分を告白。

相手がちょっと不安になったところで、「でも、そんな僕でもキミといると強くなれる。強くなってキミと歩んでいきたい」と締めくくる。もちろん、もっと熱い愛の言葉もいいでしょう。

重要なのは、ポジティブな話で相手の感情を上げて、不安になる告白で下げて、最後にすばらしい解決策を提示して、また上げること。

じつは、大ヒットする映画や小説のストーリー展開は、たいてい「**上げて、下げて、また上げて**」**という構造**になっています。これは煽った不安をひっくり返すと、その落差が大きければ大きいほど、人の感情が揺り動かされるからです。

ハッピーな出会いで始まり、パートナーを襲う病魔を描き、大切な人の死の意味を見つめ直し、立ち直る主人公。

陽気でマッチョな主人公の登場を描き、巨悪による幾多の妨害があり、死線を越えてヒロインを救い出す主人公。

ドジな探偵の紹介から始まり、巻き込まれた事件に張り巡らされた複雑な謎を描き、偶然と幸運も味方につけ、見事解決する主人公。

いずれもどこか心当たりのあるストーリーだと思いますが、展開は「上げて、下げて、また上げて」の繰り返しです。

## ピンチが感動をつくる

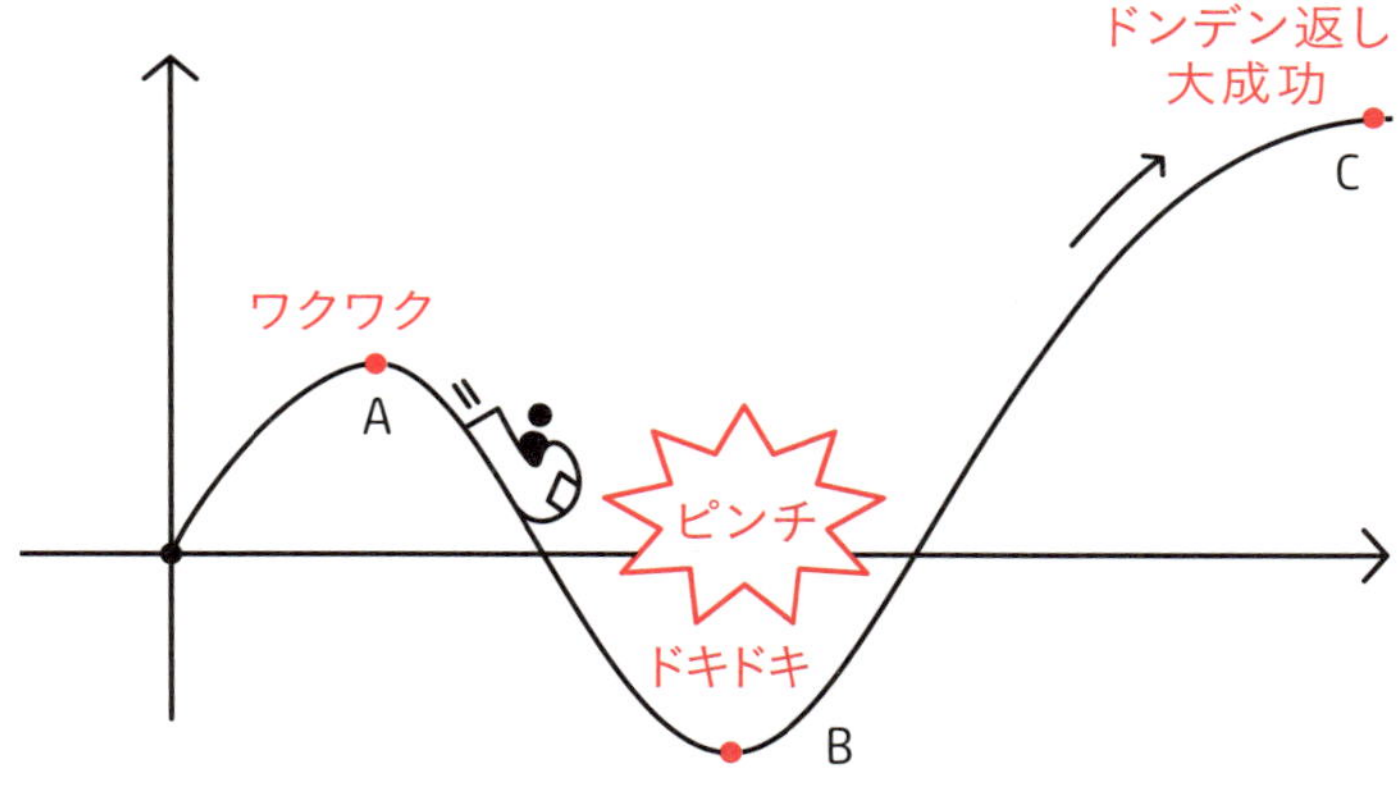


## 平坦だと感動がない

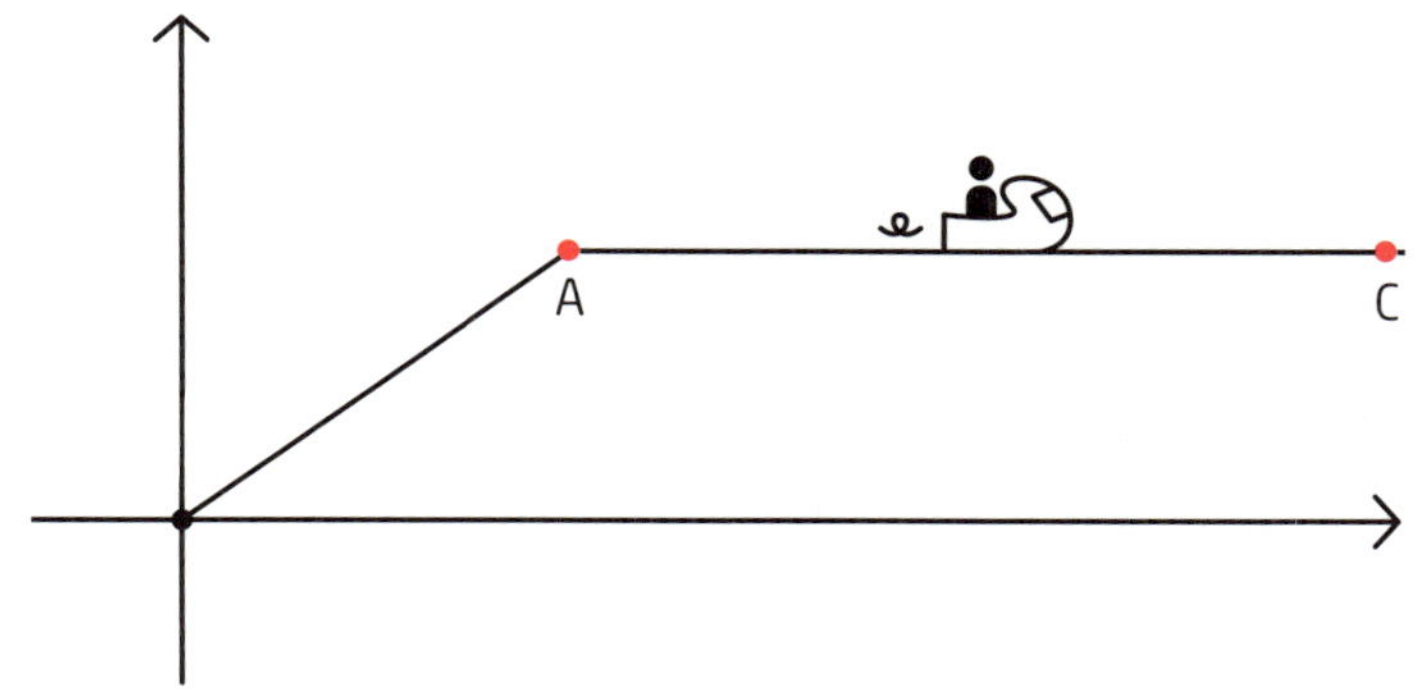

つまり、あなたの書くメールや企画書、ラブレターなどに同じ構造を持ち込めば、一気にストーリーのある文章ができあがるわけです。

## 並べ替えるだけで、あなたの文章にドラマが生まれる

例えば、期待されている新商品の完成を報告する場合。

「新商品の完成が期待以上です！」（A）

**「しかし、ご存じの通り一部製作に必要な部品の仕上がりが遅れ、全体の進行にも影響が出ていました。従来のスケジュールに対し、納品まで3日の遅れでした」**（B）

「とはいえ、現場のスタッフが懸命に製作に取り組んでくれ、遅れを取り戻した上に、デザイン、機能ともに他社製品から頭一つ抜け出した商品となりました。すでに予約注文数が当初の予定を20％上回っており殺到しています。お披露目のプレゼン、ご期待ください！」（C）

例文中の太字部分（B）を隠して読んでみると、その違いがわかりますよね。

具体的な書き方のポイントは3つあります。

まず、あなたが考える現状で最も明るい話題を冒頭に持ってくること。

続いて、報告しなければならないマイナス情報を正直に開示すること。これで読み手は不安になりますが、その直後にそのマイナスに対する対処、解決策を示します。

そして、導き出される明るい結果で締めくくること。

## ピンチは、文章でチャンスに変わる

また、このテクニックは「ちょっとこれは伝えづらい話かも」「この報告をしたら、渋い顔をされるかな」といった、なんとか穏便に済ませたい状況でも力を発揮してくれます。

書き方は簡単です。伝えづらい内容を、ポジティブな書き出し、可能な打開策で挟んでしまいましょう。

これはプライベートでも使えます。
例えば、急な仕事が入ってしまい、週末の予定が潰れてしまった場合。

「今期は忙しいけど、久々のヒット商品の登場で職場の雰囲気もいいし、ボーナスも期待できそう」(A)
「**ただ、来週末のディズニーランド、どうしても立ち会わなければならなくなり、行けなくなった。楽しみにしてくれていたのに、ごめん**」(B)
「その代わり、ボーナスが出たらランドのホテルに泊まってゆっくり楽しもう！ほら、これが予約したホテルのチケットだよ。(予約画面などを画像で送る)」(C)

大切なのは、自分が大変なことをアピールするのではなく、相手の立場を想像してストーリーを展開することです。

間違っても「急な仕事で俺も残念」「自分のせいじゃないんだ」といった感情をにじませてはいけません。

ストーリーは予想される読み手の心の動きに沿って展開させること。
自分を正当化させるために使っても、共感は得られませんからね。
あくまでも「上げて、下げて、また上げる」のは、相手の感情です。

**ドラマにはピンチが必要。読み手の感情の起伏を大きくさせるほど、文章が持つエネルギーが強くなる。**

P.S.

テクニック 5

# 追伸をつける

じつは、**あらゆる文章の中で人が最も読み、心に残るのは追伸部分**だということがわかっています。

定型文のコピペのような業務メールの最後、署名の前後に

「例の件、お疲れさまでした」

「週末、一杯行く?」

「折り入ってお願いがあるんだけど、お茶でもどう?」

といった一文が加わっていると、それだけで文章全体に温かみが生じます。

これはどうしてなのでしょうか?

その秘密は、ある効果に隠されています。

唐突ですが、あなたは「**ツァイガルニク効果**」という言葉を聞いたことはありますか？

ツァイガルニクは旧ソ連の心理学者で、人間の記憶に関してある実験を行い、実証したことで歴史に名を残した人物です。

何を実証したかと言うと、「**人間は、達成した課題よりも、達成されなかったことや中断されていることをよく覚えている**」という記憶の仕組みでした。

平たく言えば、「まだ続きがあること」のほうが強く記憶に残るという現象です。

中途半端なままにしている仕事や宿題、途中で切り上げて家を出てしまった家事、合コンで出会ったもう少しで親密になれそうな異性、「これから核心へ！」というところで次巻に続いてしまった単行本など、「あれ、やらなきゃ」「あれ、気になる」といった状態の物事のほうが忘れられない――。

心理学では、こうした現象、記憶の仕組みをツァイガルニク効果と呼んでいます。

いきなり舌を噛みそうな名の心理学者について触れたのには、もちろん理由があります。

それは5つ目のテクニックである「**追伸**」**の効能が、このツァイガルニク効果を使ったものだから**です。

例えば、テレビの連続ドラマの「**次回予告**」や映画の「**予告編**」には、1分にも満たない時間の中に登場人物の魅力的なシーンや次なるストーリー展開を感じさせる情報が、ギュっと濃縮されています。

当然、予告だけでドラマや映画のすべてがわかるわけではありません。しかし、きちんとつくられた予告にはワクワクさせる期待感があり、ときには本編よりも印象に強く残ることもあります。

テレビの連続ドラマは基本的に1週間に1回の放送です。

私たちは1週間の間に仕事をし、プライベートのさまざまな雑事をこなし、ニュースに触れ、本や雑誌も読んでいるのに、不思議と前回のストーリーを忘れません。

1週間前の3食の食事はすぐには思い出せませんが、前回のストーリーはすぐに思い出すことができます。

私たちは**未完の断片である予告に触れているからこそ、想像をかき立てられ、本編そのものの記憶が強化される**のです。

こうしたツァイガルニク効果を文章術に応用したのが、「追伸」です。

## ねらいは、読み手の無意識に残すこと

ツァイガルニク効果の実験でわかったもう1つの記憶に関する現象は、**一区切りつくと人は忘れてしまうこと**でした。

一夜漬けの試験勉強で覚えた内容の大半が、試験終了とともに音もなく抜け落ちていくように、緊張状態が終わると脳は不要な情報として捨ててしまうのです。

余談ですが、仕事に関する悩みの多い人は、その日できることはその日のうちに処理してしまい、退社までにスッキリさせてしまいましょう。

すると、脳は仕事のことを考えるのをやめ、スムーズに気持ちの切り替えができるようになります。

ただし、「追伸」でねらうのは、その逆の効能です。

**区切りのついていないもの、終わっていない話は必ず脳のどこかで考え続けられます。**あなたも企画案や商品のネーミングなど、何らかのアイデアを出さなければいけない状況で、こんな経験をしたことはないでしょうか?

仕事中いくら考えても、会議を重ねても、ピンとこなかったのに、風呂から上がった瞬間に「これだ!」というアイデアが降ってきたこと。

一晩眠って、目覚めた途端、企画案をまとめるための道筋が思いついたこと。

**これは無意識のうちに、脳が考えていてくれたから**です。

あなたが文章を通して本当に伝えたい内容が、ずっと相手の脳の中に残るようにできたら、どうでしょう?

それってすごいことですよね。

相手は仕事をしながらも、あなたの提案や希望、願望、誘いについて考えて続けてくれるのです。そうなれば、たいていのお願いごとは通るようになります。

そんなすごい効果を発揮してくれるのが、この「追伸」です。

## 相手の頭からあなたのメッセージが離れなくなる、追伸の書き方とは？

基本的には、手紙やメールの最後に書き添える短文をイメージしてもらえれば問題ありません。これを企画書や報告書などにも応用していきます。

その際、気をつけたいポイントが2つあります。

**1つ目のポイントは、追伸の前の部分で一度、きちんと話を終了させておくこと。**

これは先ほどの一夜漬けの話の通り、読み終わった時点で脳をリセットさせ、スッキリしてもらうためです。

率直に言うと、本文は本題に入るための前置きのようなもの。さらっと読んでもらい、なんなら読み飛ばされてもかまいません。なぜなら、核心は追伸にこそあるからです。

**2つ目のポイントは、追伸の短文の中にクライマックスをつくること。**

最後に書いてあれば、なんでも相手の記憶に残るのかと言うと、そうもいきません。印象づけるための仕掛けがあるに越したことはないのです。

ではさっそくこの「追伸」に、あなたが伝えたい「**願望**」や、相手に「**行動させたいこと**」を書き記しましょう。

「実は、飲食店の経営に詳しい○○さんに、折り入ってご相談したい事があります。次回の打ち合わせの際に、少しだけお時間を頂けないでしょうか」

「○○部長の息子さんが、妖怪ウォッチがお好きだとお聞きしましたので、息子さんが喜びそうなプレゼントをご用意いたしました！　次回お会いするときにお渡ししますね！」

「先日お送りしたプレゼントは気に入って頂けましたか？　実は、もう一つプレゼントを用意していまして…。次回、お会いするときにまたお渡ししますね！」

この「追伸」のテクニックは、「上げて、下げて、また上げる」で読み手の感情を揺さぶった後、次回につながるこちらの願望を盛り込むような使い方をすると、より効果的になります。

POINT

**文章で、一番読まれるのはPS（追伸）。やりかけの課題、映画やドラマの予告編……、人は、未完の情報ほど忘れられない。**

# メールは、「下」から書こう

あなたはメールの「正しい書き方」を知っていますか?

メールの文章でも、最も相手に伝わるのは、「追伸(PS)」に書かれた内容です。

ここにあなたが本当に書きたい内容を記すこと。つまり、相手にどう行動して欲しいのかという「願望」を書き込むのです。

「相手との距離を縮めたい」のであれば、ここに感謝や喜びをやわらかい表現で入れていきましょう。とくに感情的な表現が盛り込みにくいビジネスメールで、この方法を使うとギャップができて効果的です(左図上)。

「展示会やセミナーへの来場を促したい」のであれば、ここに希少性やあなた限定の情報を盛り込むことで、読み手の行動へつなげることができます(左図中)。

「商品を売りたい」のであれば、こんな「追伸」になります(左図下)。

## まず「追伸」に、自分の願望をストレートに書く

**追伸**　先日、いよいよ我慢できず、◯◯さんオススメの焼肉店に行ってきました。
あのカルビ！　僕の浅い肉歴ですが、歴史を塗り替えるおいしさでした!!　噂には聞いていましたが、◯◯さんがおいしいお店に本当にお詳しいということがよくわかりました！

**追伸**　開催日まであと３日となりました。◯◯様のためのプランですが、条件を確認したところ、更に20％の割引ができることがわかりました。詳しくは当日◯◯様に直接ご説明させて頂きます。では、お会いするのを楽しみにしています！

**追伸**　今回のセール期間中、セール対象にならない商品もいくつかあるのですが、当ショップでのご利用が５回を超えている◯◯さんには全商品をセール対象とさせていただきます。
お買い得なこの１週間を逃さず、ご活用ください！

メールを書く際はまず、相手に何をしてもらいたいのか、どんな行動をとってもらいたいのかを考え、決めておくことです。それを「追伸」にまとめてから書き始める。このルールを知っていると、メールの書き方はガラリと変わります。

人の心を揺さぶるメールを書きたいなら、「下」から書くことです。

つまり、「追伸」の内容を決め、その文面を書いてから全体を考えていく。これが正しい書き方の手順となります。

## メールの「本文」は、書き出し3行がポイント

では、「追伸」を決めた後、次に取り掛かるべきはどこか。それは「本文」です。

ここでポイントとなるのは、最初の3行。ここに必要な情報を網羅すること。逆に言えば、この3行と「追伸」を読めば、すべてが伝わるように仕立てられれば理想的。なぜなら、**長いメールは敬遠される**からです。

その3行に込めるのは「書き出し、ポジティブ」な挨拶文と、具体的な「用件」の2点です。

## 追伸の次は、「本文」に具体的な用件や情報を書く

**おはようございます！**

**先日の案件ですが、部長のＯＫが出ました。**

**詳細を詰めるため、明日明後日でご都合のよろしいタイミングで打ち合わせをお願いできますか？**

追伸　先日、いよいよ我慢できず、○○さんオススメの焼肉店に行ってきました。
あのカルビ！　僕の浅い肉歴ですが、歴史を塗り替えるおいしさでした！！　噂には聞いていましたが、○○さんがおいしいお店に本当にお詳しいということがよくわかりました！

**○○というニュースも発表され、活況を呈する○○業界。**
**当社では、○月○日○時より、○○を会場に○○セミナーを開催します。今回は○○様専用のプランをご用意しました。来場をお待ちしています。**

追伸　開催日まであと３日となりました。○○様のためのプランですが、条件を確認したところ、更に20％の割引ができることがわかりました。詳しくは当日○○様に直接ご説明させて頂きます。では、お会いするのを楽しみにしています！

と、本文ではこのようなイメージで全体像を伝えていきます。その際、大切なのは「追伸」の内容への導入となっていること。本文の狙いは情報の伝達で、「追伸」の役目は感情の交流です。

「例の案件、前向きに動いたのか。担当の◯◯さん、仕事早いな。え、この間、話した焼肉店ももう行ったのか。うれしいな」
「あのセミナー、もうすぐなのか。でも、予定あうかな。へえー、俺用になんか調べておいてくれるのか。行ってみるかな」
「お、セール始まるんだって。そろそろ春物も欲しいし、覗いてみようかな。しかも、会員は全部安くなっているんだ。いいじゃん」

相手の心をこんなふうに動かしたいとイメージできているから、メール一つで感情の動線をつくることができるのです。

## メールの「件名」は、誰へのメッセージだかわかるように

そして、最後を締めくくるのが、「タイトル、件名」です。

読み手の心を動かす、すばらしい動線をつくり上げたとしてもメールそのものを開いてもらえなければ、効果はありません。

だからこそ、「タイトル、件名」が重要になってきます。どういう文面ならばメールを開こうと思うのか。短い言葉で注意を惹き、クリックしてもらうこと。

もし、あなたが「先日はありがとうございました」「お世話になっております」なんて言葉をタイトル、件名に使っているとしたら、問題あり。改めてください。

例えば、あなたが日頃使っているメールボックスを開いてみましょう。

受信箱には似たようなタイトルのメールがどっさりと入っていませんか?

その日、その時に応対していれば誰からのメールかわかりますが、2、3日、開かないままでいたら、発信者が誰なのかわからないようなタイトルがたくさんあります。

最低でも、「○○です。先日はありがとうございました」「お世話になっております。○○です」と自分の名前を入れる工夫は欲しいところです。

また、メールの受け手との間に共通の体験があるなら、「**あのときの○○、忘れられません**」「**○○さんの××という言葉、しびれました**」など、お互いにしかわからない符丁(ふちょう)のような言葉をタイトル、件名に持ってきましょう。

受け手は見た途端、「この間のあの人だ!」とわかります。「ありがとうございました」や「お世話になっております」は本文に盛り込めば、十分です。

「件名」の役割は、次の「本文」を読ませることにあります。

もし、不特定多数の人に向けて情報を発信するなら、強い言葉を使うといいでしょう。「**まだ、○○を知らないのですか?**」「**30代の5人に1人が始めています**」「**ここに真実があります**」「**最後のチャンスです**」など、少し怪しさを感じさせるくらいの言葉のほうが、強く人の目を惹きつけます。

## さいごに「件名」で、注意を惹きつける

件名：　◯◯様、ゴーサインでました！

おはようございます！
先日の案件ですが、部長のＯＫが出ました。
詳細を詰めるため、明日明後日でご都合のよろしいタイミングで打ち合わせをお願いできますか？

追伸　先日、いよいよ我慢できず、◯◯さんオススメの焼肉店に行ってきました。
あのカルビ！　僕の浅い肉歴ですが、歴史を塗り替えるおいしさでした！！　噂には聞いていましたが、◯◯さんがおいしいお店に本当にお詳しいということがよくわかりました！

## さいごに「件名」で、注意を惹きつける

件名：○○さん、××は今も続けていらっしゃいますか？

○○というニュースも発表され、活況を呈する○○業界。
当社では、○月○日○時より、○○を会場に○○セミナーを開催します。今回は○○様専用のプランをご用意しました。来場をお待ちしています。

追伸　開催日まであと3日となりました。○○様のためのプランですが、条件を確認したところ、更に20％の割引ができることがわかりました。詳しくは当日○○様に直接ご説明させて頂きます。では、お会いするのを楽しみにしています！

いずれにしろ重要なのは、「件名」で読んでみようという気にさせること。私たちは一度、メールを開いてしまえば、タイトル、件名を見返すことはほとんどありません。手の込んだプレゼントのリボンや包装紙と同じく、受け取った時の喜び、驚きというインパクトを残せれば、役割を果たしたことになります。

これが、メールは「下」から書くという方法です。

起こしてもらう行動を決めることで、本文で読んでもらっておくべき内容が固まり、開いてもらうためのキャッチコピーであるタイトルの言葉も整っていく。

日常的にやりとりするメールだからこそ、この書き方を身に付ければ、仕事の成果がぐんと上がっていきます。

# 今すぐ使える5つのテクニック

## テクニック 1 ／書き出しはポジティブに

人は、第一印象の影響から逃れられない。書き出しを操作することにより、あなたの印象をアップさせよう。

## テクニック 2 ／なんども繰り返す

人は、メッセージを繰り返されるほど、その内容に呑み込まれていく。ただし、使う言葉は変えること。同じ言葉を用いてはならない。

## テクニック 3 ／話しかけるように書く

人は、文章よりも会話のほうが内容を覚えやすい。文章に会話の要素を取り入れることで、最高の誘導装置になる。

## テクニック 4 ／上げて、下げて、また上げる

人は、不安や嫌悪感などネガティブな感情に浸っているときほど、そこから逃れたい反撥のエネルギーを抱えている。読み手の感情をわざと一度下げることで、より強い力で行動を誘導する。

## テクニック 5 ／追伸をつける

人は、達成した課題よりも、達成されなかったことや中断されていることが気になってしまう。文章を途中で一度完結させることで、メッセージを相手の脳に刻み込め。

**【著者紹介】**

## メンタリスト DaiGo（めんたりすと だいご）

◉――人の心を読み、操る技術“メンタリズム”を駆使する日本唯一のメンタリスト。

◉――テレビ番組への出演多数。外資系企業の研修やコンサル、教育誌への連載なども手掛けている。

◉――主な著書は、『メンタリズム 恋愛の絶対法則』（青春出版社）、『実例 図解版 メンタリストDaiGoの相手を意のままに操る「話し方」入門』（ワニブックス）、『これがメンタリズムです メンタリストになれる本』（幻冬舎）、『一瞬でYESを引き出す 心理戦略。』『男女脳戦略。』（ともにダイヤモンド社）など。著書は累計で80万部を超える。

◉――本書は、人の心を操る「言葉と文章の絶対法則」を、著者が初めて明らかにした１冊となる。

オフィシャルサイト　http://www.daigo.me

**人を操る禁断の文章術**（ひとをあやつるきんだんのぶんしょうじゅつ）　〈検印廃止〉

2015年１月19日　第１刷発行
2018年12月10日　第13刷発行

著　者――メンタリスト DaiGo©
発行者――齊藤　龍男
発行所――株式会社かんき出版
東京都千代田区麴町4-1-4 西脇ビル　〒102-0083
電話　営業部：03(3262)8011㈹　編集部：03(3262)8012㈹
FAX　03(3234)4421　振替　00100-2-62304
http://www.kanki-pub.co.jp/

印刷所――ベクトル印刷株式会社

 ISBN978-4-7612-7056-8 C0030

本書を読まれた方にオススメ！

メンタリストDaiGoの超好評ベストセラー

『自分を操る超集中力』

メンタリストDaiGo 著

定価：本体1400円＋税